Mercado de Capitais

A Saída para o Crescimento

Mercado de Capitais

A Saída para o Crescimento

Série Abamec

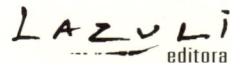

Mercado de Capitais
A saída para o Crescimento
Série Abamec

Humberto Casagrande Neto, Manoel Felix Cintra Neto e Raymundo Magliano Filho

Projeto gráfico: Werner Schulz
Editoração: Eduardo Burato
Revisão: Cristina Yamazaki, Lívio Lima de Oliveira e Juliana Cardoso

---

Mercado de Capitais - A saída para o Crescimento/Série Abamec; Humberto Casagrande Neto, Manoel Felix Cintra Neto e Raymundo Magliano Filho. São Paulo: Lazuli, 2002.

160p.; 23cm

ISBN: 85-89052-03-06

1. Economia de Mercado. 2. Economia de Livre Empresa. 3. Economia Planejada.
I. Casagrande Neto, Humberto. II. Cintra Neto, Manoel Felix. III. Magliano Filho, Raymundo. IV. Título.

Pedidos de livros e agendamento
de palestras com os autores:
Lazuli Editora
F (55 11) 3819 6077
comercial@lazuli.com.br

Sumário

Introdução

I	Um marco para a virada	07
II	Palavra de Humberto Casagrande Neto	11
III	Palavra de Manoel Felix Cintra Neto	13
IV	Palavra de Raymundo Magliano Filho	15
V	Agradecimentos	17

Desenvolvimento

Desenvolvimento econômico	19
A importância do mercado	31
Um novo mercado	39
O mercado na visão das empresas	49
Produtos e mercados	61
Governança Corporativa	73
Títulos de renda fixa	83
Reforma tributária	97
Juros	109
Gráficos	119
Plano Diretor do Mercado de Capitais	137
Glossário	157

Um marco para a virada

Combalido, o mercado de capitais vive um momento de decisão – ou se deixa sucumbir pela infindável onda de notícias negativas para seu desenvolvimento (e até sobrevivência) ou toma uma postura ativa, reage e se posiciona para virar o jogo. Felizmente, as entidades do setor preferiram a segunda opção, como ficou claro já na cerimônia de abertura do XVII Congresso Abamec.

Todos os que falaram na cerimônia foram direto ao ponto: a exposição e o debate de temas relevantes para o mercado, por especialistas de alto nível, seriam de grande importância para os participantes. Mas o objetivo do encontro ia muito além – tratava-se de entregar um produto, o Plano Diretor do Mercado de Capitais, a ser produzido pelo trabalho conjunto de mais de vinte entidades do setor.

Em resumo, é hora de agir, afirmaram na cerimônia os presidentes da Abamec Nacional, Humberto Casagrande Neto, e da Bolsa de Valores de São Paulo, Raymundo Magliano Filho.

Casagrande lembrou a importância de os participantes do mercado apresentarem soluções em um momento de crise para o setor, com a redução do volume negociado, a queda dos preços das ações e o fechamento de capital de diversas empresas.

Pela necessidade de apresentar propostas para reverter um cenário conturbado nesse nível, o Plano Diretor tem uma dimensão bastante ampla, recordou o presidente da Abamec Nacional. "O documento não contém medidas bombásticas", adiantou, "mas sim um conjunto de sugestões inovadoras para dar resposta à crise que o mercado vem enfrentando".

Para que não fique apenas na retórica, no entanto, o trabalho vai depender da união e do esforço das entidades envolvidas em sua preparação, afirmou Casagrande: "Embora liderado pela Abamec e pelo Ibmec, o Plano Diretor precisa contar com a participação de todos".

A união é necessária também diante do porte das dificuldades que o setor vem enfrentando. "A competição das altas taxas de juros e o perverso sistema tributário atrapalham o desenvolvimento do mercado", lembrou o presidente da Abamec em seu discurso. Há mais: o país convive com alto endividamento do setor público e baixo nível de poupança, "dois problemas básicos da economia que dependem de grandes iniciativas, como a reforma da Previdência".

Mesmo com tantas contrariedades, há luz no fim do túnel. Humberto Casagrande recordou que o sucesso da venda de ações pela Petrobras e pela Vale do Rio Doce dão uma dimensão da potencialidade do crescimento do mercado de capitais.

Na mesma linha, o presidente da Bovespa, Raymundo Magliano Filho, falou em seu discurso do potencial do mercado, que pode ser confirmado se seus representantes estabelecerem relações transparentes com a sociedade. O objetivo dessa postura é claro, garantiu: acabar com a percepção de que a Bolsa de Valores é um cassino.

Magliano afirmou que um exemplo dessas relações foi a parceria da Bovespa com a Força Sindical: "A aliança da Bolsa com os sindicalistas possibilitou que fossem ministrados cursos a trabalhadores associados, estreitando o relacionamento com a entidade".

O Congresso Nacional é outro alvo importante dessa ofensiva, recordou o presidente da Bovespa. Por isso, a Bolsa realizou um trabalho de esclarecimento junto a parlamentares para ensinar como é o funcionamento do mercado de ações no dia-a-dia, e de todo o mercado de capitais. O objetivo era, além de informar, unir esforços para pleitear com mais vigor no Congresso a isenção da cobrança da CPMF nas operações realizadas na Bolsa.

Ações como essa devem ser incentivadas, enfatizou Raymundo Magliano: "É preciso haver mobilização para a implementação do Plano Diretor", conclamou. Esse trabalho deve incluir, na opinião dele, "um corpo-a-corpo junto a parlamentares, sociedade e demais participantes do mercado no sentido de comprometê-los com o plano".

O coordenador técnico do Plano Diretor do Mercado de Capitais, Carlos Antonio Rocca, do Ibmec, também pediu mobilização em seu discurso, destacando a urgência da implementação das propostas. Trata-se, segundo ele, de uma prioridade para a economia brasileira porque a retomada do crescimento deve ser liderada por investimentos privados, e um dos grandes obstáculos para essa recuperação é a falta de condições adequadas de financiamento para a maioria das empresas.

Rocca considera que o mercado de capitais e o sistema bancário privado devem assumir o papel central de mobilização e alocação de recursos, assim como acontece nos países mais desenvolvidos. Em seu discurso, lembrou também que o mercado é um instrumento para atingir objetivos sociais, como geração de empregos, e para financiar grandes projetos de infra-estrutura, por exemplo.

Apesar dessa importância estratégica, ele reconheceu que a opinião pública tem imagem negativa do setor. Mas disse que cabe aos participantes do mercado reverter esse quadro. Nos últimos anos, foram tomadas iniciativas para mostrar a realidade do mercado de capitais, mas os resultados foram pífios: "Mantêm-se os sinais de estagnação ou retrocesso para o setor", afirmou Carlos Rocca. Por isso, segundo ele, a decisão de lançar o Plano Diretor do Mercado de Capitais "é oportuna, prioritária e urgente".

A relevância do Plano Diretor foi salientada também por João Paulo dos Reis Velloso, presidente do Ibmec, na cerimônia de abertura do Congresso. Ele comentou que o Brasil "ainda vive a ilusão de que se pode construir uma grande economia sem proporcionar capital adequado para suas empresas". Os participantes do Congresso da Abamec, na opinião dele, se reuniram "para acabar com essa ilusão nacional", o que seria possível, entre outras iniciativas, com a implementação do Plano Diretor.

"Nós podemos dar o primeiro passo", assegurou Reis Velloso. É uma iniciativa de grande importância, na opinião do presidente do Ibmec, porque "o desenvolvimento do mercado de capitais faz parte dos fundamentos da economia e deve ser prioridade para os setores público e privado".

Sem esquecer pressupostos importantes como redução dos juros e manutenção da estabilidade, Velloso disse em seu discurso que o país precisa ter o maior número possível de empresas com capital bem distribuído: "As empresas familiares também podem existir, desde que sejam abertas e profissionalizadas. Além disso, devem adotar regras da boa governança corporativa".

Do lado do setor financeiro, Reis Velloso considera que os grandes conglomerados, "que vêm se beneficiando há pelo menos uma década das astronômicas taxas de juros", devem expandir seus investimentos dando ênfase ao mercado de capitais: "Tanto os grandes grupos como os bancos de investimentos devem ampliar o cardápio de produtos para proporcionar capital a empresas privadas, estimulando, por exemplo, operações de *project finance*, diferentes tipos de debêntures e de ações, e novos títulos de securitização de recebíveis em diversos setores, além de estimular a indústria de *venture capital*".

Há mesmo muito a fazer. E o Congresso da Abamec pode ser um marco nesse conjunto de iniciativas se o desafio de implementar o Plano Diretor for concretizado, lembrou em seu discurso na cerimônia de abertura o presidente da Abamec Sul, Cody Leivas Simões Pires. As linhas básicas do plano, afirmou, devem ser centradas no estímulo do crescimento da poupança a longo prazo, na modernização do mercado de capitais e, principalmente, no fortalecimento do segmento de ações.

Por seu lado, o presidente do Congresso, Lúcio Flávio Sesti Paz, recordou na cerimônia que o Plano Diretor foi definido como tema do encontro porque não há dúvida da necessidade de fortalecer o mercado de capitais. "Não existem economias fortes sem mercado de capitais forte", salientou. Em seu discurso, ele criticou a "atitude incompreensível" do governo de relegar o setor a segundo plano. Reafirmou ainda que o Plano Diretor é uma proposta ousada, que precisa ser colocada em prática para que não se transforme em mais um dos muitos documentos que recebem vários elogios e aprovações — e em seguida são esquecidos.

Palavra de Humberto Casagrande Neto

Ao definir o tema de seu XVII Congresso, em setembro de 2001, a Abamec convivia com um mercado em frangalhos: não bastassem os juros altíssimos, a CPMF e o pífio crescimento do país, vivíamos os tempos em que os atentados terroristas aos Estados Unidos levaram a incerteza a seu nível máximo. Não faltavam, portanto, motivos para tirar nosso ânimo.

A Abamec, no entanto, decidiu ser fiel à sua história e foi à luta. Não só manteve o Congresso – respeitando uma tradição que se iniciou em 1971 – como adotou como tema principal a elaboração do Plano Diretor do Mercado de Capitais. Ou seja, decidiu que, apesar de todos os obstáculos, era necessário ousar. Pela primeira vez, além da exposição e do debate sobre temas prioritários do mercado, nosso Congresso se propôs a entregar um produto: o Plano Diretor do Mercado de Capitais.

A entidade deu, assim, um passo à frente. Escolheu o caminho que era necessário trilhar, por mais difícil que fosse. Com o apoio do Ibmec, produziu um documento de alto nível, que trata de todas as questões mais importantes para a retomada do mercado, e propõe soluções práticas para acabar com os obstáculos que se acumulam. Dessa maneira, não só cumpriu sua missão como inseriu-se definitivamente na economia brasileira como participante de peso no debate das grandes questões nacionais, um interlocutor a ser ouvido e respeitado sempre.

Para que se alcançassem os resultados almejados, a Abamec procurou dar ao Plano Diretor a visibilidade que ele merece. É nesse contexto que se decidiu pela publicação deste livro, para o qual contou com o inestimável apoio da Bolsa de

Mercadorias & Futuros e da Bolsa de Valores de São Paulo. Acreditamos que esta obra, de linguagem direta e acessível, é de fundamental importância para a divulgação do Plano Diretor e será de grande valia para sua compreensão e implementação.

É importante salientar que o documento a que chegamos não representa uma iniciativa isolada. Ao contrário, contamos com a expertise e a dedicação de outras duas dezenas de entidades do setor. Essa união de forças é tão ou mais importante que o texto final a que chegamos. E a conjugação de esforços será vital também para que o Plano Diretor seja efetivamente divulgado e implantado, cumprindo seu objetivo de servir como um guia para a retomada do mercado de capitais.

Uma grande caminhada, como lembra o provérbio chinês, começa com o primeiro passo. É o que estamos fazendo com a apresentação do Plano Diretor, seja em sua íntegra, seja no apanhado dos debates que levaram à sua definição, apresentado neste livro. Há muitos outros passos pela frente, como o desafio de colocar o texto em prática e fazer sua divulgação eficiente. Mas já mostramos que escolhemos a direção certa. Vamos seguir nela e mostrar mais uma vez que as dificuldades, se podem nos atrapalhar, não são suficientes para tirar nosso ânimo e nossa disposição para cumprir o importante papel que temos a cumprir. O mercado de capitais é muito importante para o país para que deixemos de lutar por ele. Seria uma omissão com a qual muitos poderiam se comprazer, mas que – como nossa história mostra com clareza – jamais poderíamos concordar.

Palavra de Manoel Felix Cintra Neto

A iniciativa da Abamec em seu XVII Congresso resultou em um trabalho estimulante para todos os que se preocupam com o futuro do mercado de capitais no Brasil.

Quando se fala em "mercado" pressupõe-se que as forças de oferta e procura atuam com fôlego próprio, o que é verdade. Não é verdade, contudo, que os mercados crescem no vácuo. O *New Deal* nos Estados Unidos, o *Plano Marshall* no pós-guerra e, mais recentemente, a criação do euro mostram como em momentos críticos para países e blocos econômicos iniciativas de Estado e de governo abrem espaços para o florescimento do mercado.

Ao longo dos últimos anos a economia brasileira vem experimentando uma relativa estabilidade proporcionada pelo Plano Real. Aos poucos, mas de forma consistente, o Brasil está conseguindo se posicionar estrategicamente diante das tendências de mercado que caracterizaram o final do século passado e o início deste.

Um dos pontos mais importantes nessa virada no tempo e na história está nos fluxos de capital. Nas duas últimas décadas do século passado houve uma redução notável nos fluxos de investimentos diretos controlados por instituições multilaterais, ou por governos. Em contrapartida, aumentaram os fluxos privados de capitais.

Fundos de investimentos, fundos de pensão, *asset managements* e até mesmo o crescimento do acionista individual via internet condicionam, com mais altos do que baixos, o momento atual.

Com a redução da inflação e o surgimento de um horizonte de longo prazo no Brasil – fato que pode ser constatado através do aumento da liquidez nos contratos derivativos com vencimentos cada vez mais distantes – já é possível prever um novo surto de crescimento dos mercados primário e secundário de ações.

A consolidação desse processo depende da consolidação da democracia. Os mercados vão junto, tal como aconteceu nos exemplos históricos que mencionamos. Na América, depois do *New Deal*, e na Europa do pós-guerra, governos de tendências conservadoras ou socialistas revezaram-se no poder, mudaram, mas todos foram suficientemente sábios para continuar investindo no desenvolvimento do mercado de capitais e em sua base acionária.

Tal fato é visível na Espanha, que saiu do franquismo para o socialismo com Felipe Gonzalez; na Grã-Bretanha, que passou do governo conservador de Margareth Thatcher para o trabalhismo de Tony Blair; na França, que passou do gaulismo para o socialismo de François Mitterrand e agora ensaia um retorno à centro-direita. De um modo geral, pode-se dizer que governos e países, não importa a tendência, encontraram a melhor expressão da democracia através da ampliação da base do mercado de capitais.

O Brasil vive, hoje, um momento singular em sua transição política. É importante que essa transição se complete com alguns fatores básicos para o desenvolvimento do mercado, tais como: persistência na austeridade fiscal, reforma tributária e ampliação da base das companhias abertas e investidores.

Todos esses fatores são interligados, pois resultam em liberação de poupança, capitalização das empresas e aumento da competitividade numa economia global. O trabalho da Abamec é importante, à medida que contribua para criar a cultura indispensável à compreensão do papel relevante que cabe aos mercados, às bolsas, corretoras e intermediários financeiros no desenvolvimento.

Palavra de Raymundo Magliano Filho

O mercado de capitais brasileiro vive uma situação que não permite hesitação. Diante de todas as dificuldades que tem enfrentado, só nos resta um caminho: agir, e com rapidez, para evitar que o quadro atual, já tão repleto de obstáculos, sofra uma deterioração que termine por levar à inviabilização do setor.

Uma das iniciativas mais importantes nessa postura pró-ativa é mostrar-se à sociedade. Temos que divulgar quem somos, o que fazemos, e a importância do mercado de capitais para o maior número possível de pessoas. Nesse processo, praticamente não há limitações: dos trabalhadores – que mostraram recentemente sua disposição para comprar ações quando puderam utilizar o Fundo de Garantia – aos deputados e senadores de vários partidos, todos têm que ser informados sobre o mercado de capitais.

Não basta, nesse trabalho, dizer que a Bolsa de Valores é importante. É preciso muito mais. Devemos todos nós, que trabalhamos com o mercado de capitais, mostrar como funciona a Bolsa no dia-a-dia, o que é o mercado e em que ele influencia a vida das pessoas e a economia do país.

A Bolsa de Valores de São Paulo tomou iniciativas nessa direção. Definiu uma parceria com a Força Sindical, por exemplo, que deu vários frutos. Promoveram-se cursos para os trabalhadores associados, com presença expressiva e grau de participação surpreendentemente elevado. Também fez-se um trabalho de conscientização no Congresso, aproveitando a necessidade de pleitear a isenção da cobrança da CPMF nas operações na Bolsa.

Outras entidades do mercado tomaram iniciativas positivas, com o objetivo de mostrar com transparência nossa atuação e nossas metas. Mas temos consciência de que é preciso fazer mais. Por isso, é de suma importância o Plano Diretor do Mercado de Capitais, que foi delineado por iniciativa da Abamec em seu XVII Congresso e cujos principais debates vemos resumidos neste livro. Trata-se de um trabalho consolidado, do qual participaram mais de vinte entidades entre as mais representativas do setor.

O documento que se gerou a partir do encontro é um marco para a retomada do nosso mercado. De indiscutível abrangência e qualidade técnica, tem um mérito especial: reuniu todo o nosso setor, mostrando uma união como raramente se vê. Mostramos unidade, o que é vital para a árdua tarefa que temos pela frente.

Toda essa demonstração de força, no entanto, terá efeito reduzido se não mantivermos nossa mobilização para efetivar a implementação do Plano Diretor. Com todo seu peso e importância, o texto perderá seu valor se não for colocado em prática – e aí vale novamente lembrar a importância da mobilização de todos nós, do mercado de capitais, para mostrar à sociedade esse projeto.

Haverá resistências, como sempre há. Mas elas não podem, em momento algum, trazer desânimo. Vamos mostrar nosso Plano Diretor, divulgá-lo, explicá-lo para o maior número possível de interlocutores de interesse.

Foi um trabalho de fôlego produzir o Plano Diretor do Mercado de Capitais. Agora, começa outra epopéia, na qual somos todos peças-chave. Vamos divulgar o Plano Diretor e incentivar sua implementação. Este livro é uma ferramenta de peso a ser utilizada nesse trabalho, que representa nossa tarefa mais importante, se quisermos que o mercado volte a ocupar seu devido lugar de destaque na economia brasileira.

Agradecimentos

Depois da decisão de elaborar o Plano Diretor do Mercado de Capitais, a Abamec passou a enfrentar um novo desafio: como fazer a divulgação do plano com as necessárias clareza e abrangência? Como se trata de um documento que analisa vários temas e versa sobre um assunto nem sempre conhecido pela maioria das pessoas, era preciso apresentá-lo à sociedade com uma linguagem direta e clara, sem negligenciar seu importante conteúdo. Ao mesmo tempo, não se poderia esquecer da forma: qual seria a melhor opção para apresentar um texto que, por sua natureza, necessita de uma leitura acurada para se ter a exata dimensão de suas partes e do todo?

Depois de analisar várias alternativas, a Abamec decidiu inovar e produzir este livro. A tarefa, nada fácil, foi entregue à Tamer & Associados, empresa especializada em comunicação que tem largo conhecimento sobre o mercado de capitais. A empreitada era desafiadora: produzir um texto que, ao mesmo tempo, fosse claro para o leitor e não deixasse de mostrar a qualidade técnica dos debates que levaram à elaboração do Plano Diretor. Mais ainda, era necessário produzir o livro em pouco tempo, para que não se perdesse o *timing* necessário para sua divulgação.

O resultado é o livro que estamos apresentando. Ele foi produzido com o trabalho de Luís Sérgio Tamer, Valdete Oliveira, Eliana Nigro e Theo Carnier, da Tamer & Associados, que estiveram no XVII Congresso da Abamec, em Porto Alegre, para acompanhar os debates que levaram ao texto final do

Plano Diretor. Os quatro produziram em poucas semanas, a partir desse acompanhamento, o material que deu origem a este livro, com texto final de Theo Carnier.

Além da Tamer & Associados, a Abamec contou também com a colaboração da Lazuli Editora para produzir esta obra. O resultado final atende plenamente aos objetivos da associação. Acreditamos que estamos oferecendo um texto claro, enxuto – um retrato fiel dos trabalhos que levaram à elaboração do Plano Diretor do Mercado de Capitais. E, assim, temos condições de, com a ajuda deste livro, mostrar ao público por que a Abamec tomou a iniciativa de produzir um documento que vai servir como marco para a retomada de nosso mercado.

Por fim, gostaríamos em especial agradecer a Bolsa de Mercadorias & Futuros (BM&F) e a Bolsa de Valores de São Paulo (Bovespa), nas figuras de seus presidentes Manoel Felix Cintra Neto e Raymundo Magliano Filho, pelo apoio decisivo para a viabilização deste livro. Sem a compreensão destas entidades, este trabalho que julgamos da mais alta importância para o mercado de capitais não seria possível de ser realizado.

DESENVOLVIMENTO ECONÔMICO

Crescer é preciso

Não há desenvolvimento econômico sustentado sem um mercado de capitais forte. Representantes do PT, da Força Sindical, especialistas e professores de Economia chegaram com unanimidade a essa conclusão ao participarem do painel "Mercado de Capitais e Desenvolvimento Econômico"

com:

ANTONIO GLEDSON DE CARVALHO	Fipe/USP
ROBERTO CASTELLO BRANCO	Cia. Vale do Rio Doce e Presidente do Ibri
ROBERTO FALDINI	Abrasca
JULIO SÉRGIO GOMES DE ALMEIDA	Iedi
GUIDO MANTEGA	FGV/PT
RICARDO PATAH	Força Sindical
ÁLVARO BANDEIRA	Vice-Presidente da Abamec Nacional

UMA CORRELAÇÃO HISTÓRICA

A história mostra: existe uma relação direta entre desenvolvimento financeiro e crescimento econômico. O professor do Departamento de Economia da FEA (Faculdade de Economia e Administração) da Universidade de São Paulo, Antonio Gledson de Carvalho, fez essa constatação em seus estudos e mostrou com dados, na palestra de abertura do painel, que há tempos foi verificada a relação entre crescimento do PIB e desempenho do mercado financeiro.

O professor relembrou estudos sobre essa correlação e destacou o trabalho de Schumpeter, que, em 1912, mostrou o papel dos bancos no financiamento das inovações tecnológicas. Em 1952, lembrou Gledson de Carvalho, o estudioso Joan Robson verificou que o sistema financeiro responde passivamente a demandas que vêm do setor produtivo. E, em 1969, foi a vez de John Hicks demonstrar o importante papel do sistema financeiro da revolução industrial.

Pelos estudos do professor da USP, ficou demonstrado também que o mercado acionário tem desenvolvimento maior em economias de renda per capita mais elevada (v. gráfico).

ESTRUTURA FINANCEIRA EM ECONOMIAS COM BAIXA, MÉDIA E ALTA RENDA PER CAPITA EM 1990

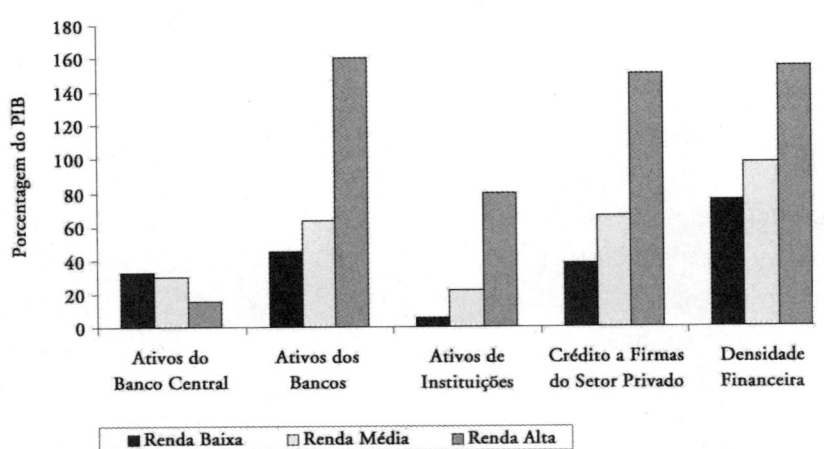

Segundo Gledson de Carvalho, o crescimento econômico depende de dois fatores principais: taxa de investimento (em que ele inclui capital físico e capital humano) e aumento da produtividade, que vem com avanço tecnológico e a adoção de tecnologias e escalas eficientes.

Em seus estudos, o professor da USP verificou também que o desenvolvimento financeiro acelera o crescimento pela redução dos vazamentos (ativos não-produtivos) e pelo aumento da eficiência dos investimentos.

O mercado de capitais foi destacado pelo palestrante como um dos principais indutores do crescimento: "Esse mercado dá liquidez para investimentos de longo prazo, estimula empreendedores e disciplina a administração das empresas", afirmou. A disciplina vem, na opinião de Gledson de Carvalho, porque as evidências ficam bem claras: o mau investimento mostra-se no mercado com as baixas cotações.

Outro destaque do mercado como incentivador do desenvolvimento, de acordo com o professor, é "a adoção de uma estrutura ótima de propriedade". Além disso, garantiu, o mercado permite melhor administração de riscos, pela diversificação e pela possibilidade de realizar *hedge*, inclusive em derivativos.

"Se não bastasse, o mercado de capitais democratiza as oportunidades", verificou Gledson de Carvalho, para quem todas essas características ajudam a fortalecer uma verdade: o mercado é vital para o desenvolvimento econômico, como tem se demonstrado ao longo da história em vários países.

O FIM DO CIENTISTA BELGA

Os países desenvolvidos têm mercado de capitais forte. Mesmo os que tinham resistências a essa constatação estão aderindo com entusiasmo porque perceberam a importância do mercado para o crescimento. Quem garante é Roberto Castello Branco, diretor da Companhia Vale do Rio Doce e presidente do Ibri (Instituto Brasileiro de Relações com Investidores), que em sua palestra lembrou: as nações mais ricas são as que mais protegem os direitos dos acionistas – uma necessidade cada vez mais difundida até em países com tradição recente no mercado.

Castello Branco lembrou que os acionistas estão crescentemente conscientes, e por isso fazem respeitar seus direitos. "Acabou a figura do cientista belga, como era conhecido o típico investidor europeu – desligado do mercado, pensando sempre em seu trabalho, sem nem lembrar de seu investimento. Agora, o acionista exige seus direitos, em todo o mundo, e isso é positivo, porque essa é uma das forças do mercado."

Nos países que ainda sonham em chegar ao desenvolvimento sustentado, a realidade é bem diferente, reconhece o presidente do Ibri. A globalização teve um lado positivo para esses mercados, que, através dela, entraram no mercado mundial. No entanto, está longe de ser a panacéia que resolveria os problemas dessas nações. O mercado doméstico não perde seu lugar com esse processo, assegura, mas enfrenta novos desafios com a escala planetária. O acesso global é limitado (pequenas empresas têm poucas condições de consegui-lo) e há o contágio: "O Brasil teve que carregar meses a imagem prejudicial trazida pela crise da Argentina".

Há outros problemas. Citando dados do FMI, o diretor da Vale lembrou que, embora os investimentos diretos tenham crescido de US$ 54,1 bilhões em 1993 para US$ 162,4 bilhões em 2001, os investimentos em portfólio caíram de US$ 87,6 bilhões para um resultado negativo de US$ 13,0 bilhões no período (v. quadro).

FLUXOS DE CAPITAIS PARA MERCADOS EMERGENTES			
			US$ bilhões
	1993	2000	2001
Investimentos diretos	54,1	146,2	162,4
Investimentos de portfólio	87,6	-4,3	-13,0
Fonte: FMI			

Apesar dessas ressalvas, a globalização tem seu lado positivo. De acordo com o presidente do Ibri, graças à ela, os mercados emergentes se beneficiaram com o aumento da competição, o desenvolvimento das fusões e aquisições e a maior proteção dos direitos dos credores e dos acionistas minoritários.

O mercado de capitais brasileiro, lembrou Castello Branco, pode, a partir dessa evolução, aumentar sua participação no crescimento do país. Com ele, é possível aumentar o acesso a financiamentos, a recursos que permitam tocar os projetos de desenvolvimento. Para isso, o presidente do Ibri destaca que a governança corporativa deve ganhar força, exercendo seu papel fundamental para a adequada alocação de capitais.

Para o diretor da Vale, o impulso à governança pode ajudar a criar condições para o financiamento dos investimentos, sem a necessidade de se submeter aos elevadíssimos juros. Com o financiamento nessas novas bases, pode-se alcançar o crescimento econômico.

O país deve optar, na opinião dele, pelo modelo de mercado – com propriedade dispersa, mercado de ações ativo e fusões e aquisições – para alcançar seu necessário nível de crescimento. Deve, assim, colocar de lado o modelo de controle, em que a propriedade é concentrada e há dependência dos recursos de famílias, bancos e governo.

Há sinais de que a caminhada nessa direção já começou. Na avaliação de Castello Branco, assistiu-se nos últimos anos à maior participação de investidores individuais, à aprovação da nova lei das S.A., às ofertas públicas de ações com a utilização do FGTS ("a Vale ganhou mais de 792 mil novos acionistas com uma oferta desse tipo") e à criação do Novo Mercado da Bovespa – todos eventos favoráveis ao desenvolvimento do mercado.

Para que esse impulso ajude o Brasil a retomar o crescimento sustentado, no entanto, ainda há muito a fazer. O presidente do Ibri cita, entre os fatores macroeconômicos necessários para realizar a mudança, a necessidade de liberar os controles quantitativos, a redução da taxa de juros, a liberalização das contas de capital. Além disso, defende a manutenção de pontos importantes, como a estabilidade dos preços, a flutuação do real e o equilíbrio fiscal.

Com a estabilidade macroeconômica, afirmou o palestrante, o País poderá pensar em crescimento sustentado nos próximos vinte anos, com base em um círculo virtuoso: a estabilidade vai gerar o desenvolvimento dos mercados financeiros, que, por sua vez, vai permitir o crescimento econômico de longo prazo – o que vai reforçar a estabilidade. Para o país se manter estável, no entanto, Castello Branco lembrou que é preciso ter um Banco Central independente e uma ampla reforma fiscal, "que deixe de tributar de maneira desproporcional as empresas de capital aberto".

Adotado esse modelo, ele acredita que o mercado vai ser instrumento fundamental para a retomada do crescimento. Se o País seguir nessa linha, acredita o diretor da Vale, as empresas em que há maximização de poder vão deixar de existir, e, no sentido inverso, vão crescer as que privilegiam a maximização de valor.

UM CRESCIMENTO PÍFIO, MESMO COM A ESTABILIDADE

A estabilização econômica trazida pelo Plano Real foi muito bem-vinda para um país que precisava dela para retomar o crescimento. No entanto, seus resultados deixaram muito a desejar, segundo análise de Roberto Faldini, diretor da Abrasca e do Instituto Brasileiro de Governança Corporativa (IBCG), que participou como debatedor do painel sobre desenvolvimento econômico.

"Para dizer o mínimo, os resultados deixaram muito a desejar", afirmou Faldini. Segundo ele, o PIB per capita cresceu 11,9% de 1994 a 2001, com média anual, em termos reais, de 1,6%. Nos Estados Unidos, o crescimento do PIB per capita foi de 4,4% e na China alcançou 7,9% entre 1996 e 2000, pelos dados do Banco Mundial citados pelo debatedor.

Com um crescimento modesto como esse, acredita o diretor da Abrasca, criou-se o maior entrave para o mercado de capitais – o que representa más notícias para o país. Ele lembrou que o mercado acelera o crescimento e, ao mesmo tempo, fica fortalecido nesse processo. "Essa verdade precisa ser mostrada aos partidos, parlamentares e candidatos", sugeriu Faldini.

O principal, na opinião dele, é evitar o populismo, que tem se mostrado ineficiente e contraprodutivo. Como exemplo, ele cita as várias mudanças na lei das S.A. durante a votação do projeto no Congresso: "As alterações foram tantas que o texto final, na verdade, não fará a menor diferença em dez anos se o Brasil não voltar a crescer".

Na avaliação de Roberto Faldini, a nova legislação tem normas que representam "mero reconhecimento de situações existentes", como as que tratam de conselheiros fiscais, preferencialistas no Conselho de Administração e *tag along*. Para ele, é importante trabalhar com empenho pelo fortalecimento da Comissão de Valores Mobiliários (CVM), pela punição de comportamentos indevidos que prejudiquem os acionistas e por novas práticas de mercado, que privilegiem a transparência.

O diretor do IBGC lembrou, no entanto, que não se pode falar em mudar a lei das S.A. de imediato. Ele defende um armistício, um período sem modificações, para que a nova legislação possa amadurecer: "Mudar agora seria pior do que manter o quadro atual", garantiu Faldini, para quem é preciso dar tempo ao tempo para que as novas regras mostrem seu peso. Caso contrário, teremos mais confusão – o que deve ser evitado a qualquer preço, segundo ele, para que o mercado se fortaleça e exerça seu importante papel de indutor do desenvolvimento.

Privatização, a oportunidade perdida

O diretor executivo do IEDI (Instituto de Estudos para o Desenvolvimento Industrial), Julio Sérgio Gomes de Almeida, não faz por menos: para ele, o mercado de capitais é o diferencial nos países que querem ter desenvolvimento sustentável. Ao participar como debatedor do painel sobre crescimento econômico ele garantiu que muitos dos atuais problemas brasileiros vêm do enfraquecimento do mercado.

Com um mercado combalido, afirmou Almeida, as empresas têm de tomar recursos a taxas de juros elevadas ou dependem de financiamento estatal. Para ele, perdeu-se uma oportunidade preciosa de mudar esse quadro nas privatizações: "Faltou visão estratégica ao governo. Quando se privatizou, em vez de fortalecimento, houve enfraquecimento do mercado, pela adoção de um modelo equivocado".

Lições devem ser tiradas de episódios como esse. Na avaliação de Almeida, a difícil situação do mercado mostrou que não se pode ter crescimento sem grandes empresas locais. Além disso, ele considera equivocado punir as aplicações de capital e não as que se baseiam em juros.

É urgente a adoção de medidas para evitar essas distorções, assegurou Julio Almeida. Ao mesmo tempo, ele lembra que o BNDES tem papel fundamental no apoio ao crescimento econômico: "Temo quando ouço falar de propostas de mudanças na orientação do BNDES porque ele é a única fonte de financiamento de longo prazo no Brasil. Trata-se de um dos poucos bancos de fomento que tem mostrado resultado – o da Argentina, por exemplo, quebrou". E o BNDES, segundo ele, tem-se mostrado um ativo incentivador do mercado de capitais, o que é fundamental para um país que sonha em alcançar o crescimento sustentado.

MODELO DE MERCADO É O MELHOR. PALAVRA DO PT

Pode parecer heresia, mas não é. O PT defende o fortalecimento do mercado de capitais porque se trata de um instrumento de retomada do crescimento – e o partido tem defendido há anos a volta do desenvolvimento sustentado. Palavra de Guido Mantega, principal responsável pelo programa econômico do PT e professor da Fundação Getúlio Vargas, que participou como debatedor do painel "Mercado de Capitais e Desenvolvimento Econômico".

O grande desafio do País, na opinião de Mantega, é descobrir o caminho para retomar o crescimento econômico: "Existe reconhecimento, em vários setores da sociedade, de que o Brasil patina há anos na semi-estagnação", afirmou.

Para o professor, as duas últimas décadas foram "quase perdidas" para a economia brasileira, que teve, nesse período, o pior desempenho do século XX. Citando estudos de historiadores, Guido Mantega disse que Fernando Henrique está entre os cinco presidentes com pior desempenho econômico em relação ao crescimento do PIB em toda a história do Brasil.

O professor da FGV considera que existem três grandes obstáculos à reversão desse cenário: desequilíbrio das contas externas, juros elevados e a equipe econômica do ministro Pedro Malan, "não necessariamente nesta ordem". A situação caminha para uma melhora em relação às contas externas, pela dinamização do comércio exterior. Pelo lado da equipe econômica, lembrou o economista do PT, "a solução vem no final do ano, quando termina o atual governo".

Resta, então, o grande problema dos juros. Guido Mantega considera que a administração Fernando Henrique insistiu em manter os juros altos – levando o País a um grande endividamento – para estimular o investimento externo: "A poupança interna foi esquecida, apesar de ser fundamental para o crescimento do país".

Pelos cálculos de Mantega, a poupança representava em 2001 cerca de 17% do PIB, mas o país precisa que essa proporção seja superior a 20% para ter desenvolvimento sustentado. Ele lembrou que a canalização de poupança para o setor produtivo passa necessariamente pelo mercado de capitais.

Como outros debatedores, ele considera que a privatização foi uma oportunidade perdida para fortalecer o mercado – ao contrário do que aconteceu em outros países: "Na Inglaterra, durante o governo conservador de Margareth Thatcher, foram dadas condições para que a classe média tivesse acesso às empresas privatizadas, criando no processo 3,5 milhões de novos acionistas. A situação se repetiu na Itália e na França".

No Brasil, ao contrário, desperdiçou-se a chance de fazer a pulverização de ações quando aconteceu a privatização. Segundo Guido Mantega, a oportunidade era formidável: as privatizações somaram R$ 100 bilhões no país, o que significou a terceira maior quantia envolvida em processos como esse em todo o mundo.

Existem sinais alentadores para o mercado, com iniciativas como a nova lei das S.A. Mas ainda há muito a fazer, na avaliação do economista do PT. Lembrando a palestra do presidente do Ibri, Roberto Castello Branco, Mantega garantiu: "O Brasil deve adotar o modelo de mercado, e não o de controle, porque ele é o melhor para o país".

Ele defendeu a substituição do financiamento estatal pelo privado, mas considerou temerário fazer modificações na estratégia do BNDES. Para que essa substituição aconteça, Guido Mantega considera importante fortalecer o mercado de capitais, "um dos pilares para o crescimento e também para a socialização da propriedade".

Com ênfase na transparência, e com a redução dos juros, Guido Mantega considera que o mercado de capitais será vital para que as famílias e os trabalhadores participem do crescimento das empresas: "A participação deve ser efetiva. Os investidores têm essa necessidade, até porque não querem mais ser meros 'colocadores de azeitona na empada' dos acionistas controladores".

Trabalhador quer é comprar mais ações

Ricardo Patah, tesoureiro nacional da Força Sindical, garante: o mercado de capitais pode parecer um assunto distante das atividades de uma central de sindicatos de trabalhadores, mas não é: "Ao contrário, temos consciência de que o mercado tem papel importante na democratização do país", afirmou, ao participar do painel sobre desenvolvimento econômico como convidado especial.

Ele lembrou que as centrais sindicais mudaram muito com a estabilidade econômica. Nos tempos de inflação, tinham como principal função negociar a reposição das perdas salariais trazidas pela perda de valor da moeda. Quando o quadro mudou, passaram a ter outras iniciativas. "Tivemos que adotar uma visão mais ampla da realidade, com iniciativas como criação de cursos aos sindicalizados e adoção de programas de recolocação profissional", lembra o diretor da Força. "Passamos a enxergar a necessidade de atuação em outros segmentos: a Força Sindical atuou com a Bovespa, por exemplo, no movimento pela extinção da CPMF nas bolsas".

Houve necessidade, também, de conhecer a realidade de outros países. Nesse processo, a Força Sindical ficou sabendo que a norte-americana AFL-CIO, umas das maiores centrais sindicais de seu país, tem um grande fundo de aplicações no mercado local. Segundo Patah, exemplos como esse estimulam a Força a lutar pelo crescimento do mercado brasileiro.

Um dos motivos dessa luta, lembrou o convidado especial do painel, é que o mercado ajuda a criar empresas fortes, o que aumenta o número de empregos. Por isso, a Força Sindical quer a ampliação do uso de recursos do FGTS para compra de ações. Como lembra Ricardo Patah, depois da venda de papéis da Petrobras e da Vale do Rio Doce, sobraram R$ 3,5 bilhões do Fundo que podem ser utilizados no mercado de capitais. "Queremos mais que isso", garante o dirigente da Força Sindical, "com a abertura da possibilidade de aquisição de ações de empresas de vários setores, como a Usiminas, por exemplo. Os trabalhadores querem é ter a oportunidade de comprar mais ações".

O modelo proposto pela Força Sindical é que, dos 8% descontados na folha de pagamentos destinados ao Fundo de Garantia, 2% fossem liberados para investimentos dos trabalhadores no mercado de capitais. Com o tempo, o porcentual iria crescendo até chegar aos 8%, que seriam opcionais.

Patah defendeu também mudanças na Previdência, que teriam reflexos nas bolsas. Ele lembrou que existem distorções no sistema previdenciário: "Cerca de R$ 47 bilhões vão para 2,5 milhões de aposentados, restando R$ 75 bilhões para 20 milhões de pessoas. Não se pode aceitar uma situação dessas. É preciso que, para valores acima de dez salários mínimos, se adote a previdência privada".

Com essas mudanças, e com a possibilidade de maior acesso ao mercado, o trabalhador vai aumentar sua participação no mercado – o que o tesoureiro da Força Sindical considera de vital importância para a democratização e o crescimento do país. Ele cita o exemplo próprio para defender esse novo cenário de participação: "Sou acionista da Petrobras e da Vale e me considero um dos donos dessas empresas. É de mudanças como essa que os trabalhadores, e a economia brasileira, precisam para falar em voltar a crescer".

A IMPORTÂNCIA DO MERCADO

Ajudando as empresas a crescer

O mercado de capitais é vital para as empresas que planejam crescer. CCR, CSN, Banco do Brasil e Gerdau participaram do painel especial "Mercado de Capitais e Crescimento Econômico" e garantiram: as companhias abertas negociadas em Bolsa têm muito a ganhar com sua política de transparência

com:

EDUARDO ANDRADE	CCR
ANTÔNIO MARY ULRICH	CSN
ÊNIO PEREIRA BOTELHO	Banco do Brasil
FREDERICO GERDAU	Gerdau
HUMBERTO CASAGRANDE NETO	Presidente da Abamec Nacional

Mercado é prioridade para infra-estrutura

A Companhia de Concessões Rodoviárias (CCR) foi criada em 1998 com uma convicção: o mercado de capitais é fundamental para o financiamento de projetos de infra-estrutura, segmento em que a empresa atua. Por isso, tinha entre suas prioridades ser uma companhia aberta negociada em Bolsa. Seguindo nessa linha, fez um IPO em 2002 e tornou-se a primeira empresa a participar do Novo Mercado (segmento da Bovespa que negocia exclusivamente papéis de empresas comprometidas com regras de transparência).

"É grande a necessidade de investimentos em infra-estrutura", lembrou Eduardo Andrade, presidente da CCR, ao participar do painel. Ele calcula que há necessidade de aplicações equivalentes a 5% do PIB ao ano (cerca de R$ 60 bilhões) no segmento. Se isso não acontecer, segundo ele, haverá estrangulamento do crescimento, como foi indicado pelos problemas com energia elétrica em 2001.

Andrade recordou que a origem dos investimentos em infra-estrutura mudou acentuadamente a partir da década de 1990: "O poder público era quase o único investidor nessa área", lembrou. "Mas o Estado quebrou, ao mesmo tempo que aconteceu redução acentuada do investimento externo."

As aplicações em infra-estrutura foram se reduzindo. De acordo com Eduardo Andrade, de 1970 a 1982 os investimentos no setor chegaram a representar até 13% do PIB e em 1995 despencaram para 1,5%. Conseqüência: foi preciso criar um novo modelo, abrindo espaço para investimentos privados, que vieram por concessões e nas privatizações. A licitação de concessões aconteceu em telefonia móvel (exceto a banda A), em novas usinas de energia e nas rodovias, área em que a CCR atua.

Nesse processo, relembrou o presidente da CCR, ficou mais uma vez clara a importância do mercado de capitais para o setor de infra-estrutura (v. quadro). "Nossa área necessita de recursos de grande porte, com prazos longos de retorno", afirmou. "Ao mesmo tempo, oferece taxas de retorno atraentes e fluxo de caixa confiável."

NECESSIDADES DE INVESTIMENTOS EM INFRA-ESTRUTURA	
Saneamento:	R$ 4 bilhões/ano
Energia Elétrica:	R$ 13 bilhões/ano
Telefonia:	R$ 14 bilhões/ano
Transporte:	R$ 10 bilhões/ano
fonte: PPA/ABDIB	

As empresas brasileiras do segmento, segundo o palestrante, têm como principal desafio conseguir os recursos, e a fonte natural é o mercado de capitais. Foi o que fez a CCR. Eduardo Andrade disse que desde o princípio a empresa abriu capital, adotou a transparência de informações e preocupou-se com os acionistas minoritários. Em março de 2002, fez uma oferta pública de ações, que foi bem-sucedida: "Colocamos quase 17 milhões de ações, equivalentes a 20% do capital da CCR, num valor total de R$ 305,3 milhões".

Os investidores externos compraram 49% dos papéis desse IPO. Andrade considerou essa aceitação surpreendentemente positiva: "O lançamento aconteceu no momento crítico da crise da Argentina, mas mesmo assim houve grande procura por aplicadores estrangeiros. Foram pesos-pesados: 13 desses investidores externos administram recursos que, somados, chegam à casa de US$ 805 bilhões".

TRANSPARÊNCIA AJUDA A CRESCER

A Companhia Siderúrgica Nacional (CSN) não tem dúvidas: o mercado de capitais tem importância cada vez maior para a empresa, que, depois de privatizada, tem apresentado desempenho positivo, não só em relação a faturamento e lucro, mas também na abertura de informações para os acionistas.

A companhia adotou uma política cada vez mais transparente depois que suas ações voltaram a ser negociadas em bolsa, em agosto de 1993. Antônio Ulrich, diretor de relações com investidores da CSN, disse durante sua apresentação no painel de empresas que a estratégia deu resultado: "Optamos pela abertura de informações, nas áreas de relações com investidores, divulgação de resultados e site corporativo. Com isso, conseguimos crescimento de liquidez de nossos papéis".

A procura pelas ações da empresa tem crescido, de acordo com Ulrich, e permitiu que a base acionária se expandisse também no exterior. Atualmente, 80% dos acionistas da CSN estão no Brasil e o restante no exterior (dos quais 61,5% na América do Norte, onde a demanda por transparência é muito grande).

Dessa forma, a companhia está satisfeita com o mercado de capitais.

Além de benéfico para as companhias, o mercado é, na avaliação de Antônio Ulrich, vital também para o Brasil. "Com esse mercado, é possível reduzir o custo de capital das empresas", garante o diretor da CSN. "Pode-se criar um ciclo virtuoso para as companhias, em que a valorização de ações leva à captação de mais recursos, que induz investimentos – e assim alimenta-se o crescimento."

As empresas que adotam a governança corporativa terão sempre mais valorização de suas ações, garante o diretor da CSN. Para ele, a divulgação ampla da estratégia e do desempenho das companhias significa a justa valorização dos papéis. E com a boa governança as empresas tornam-se alternativas vantajosas de investimento, com prêmios de risco mais baixo e maior valor de mercado a longo prazo.

UM ALIADO NA RETOMADA

O Banco do Brasil perdeu participação no mercado de capitais desde o Plano Real, mas tem como prioridade reverter esse quadro: planeja entrar no Novo Mercado ainda em 2002, confiante que a transparência e a governança corporativa darão novo impulso à instituição. Essa postura, mostrada no painel sobre empresas por Ênio Pereira Botelho, vice-presidente de controle e relações com investidores do BB, mostra que o banco, depois de se reestruturar, pretende se tornar novamente uma opção atrativa para os que investem na Bolsa de Valores.

Tradição é o que não falta para conseguir essa retomada. Ênio Botelho lembrou que o Banco do Brasil tem ações ordinárias negociadas no mercado desde 1906 e que o papel passou a fazer parte do índice Bovespa em 1970. Em 1981, a instituição foi a primeira estatal a receber o prêmio especial Abamec, principalmente pela postura do banco em relação ao acionista.

Com o Plano Real, os papéis do Banco do Brasil passaram a despencar. Em agosto daquele ano, recordou o vice-presidente da empresa, as ações preferenciais eram cotadas a R$ 21,50, mas foram caindo por uma série de más notícias. O nível mais baixo aconteceu em 1999, quando a ação chegou a ser cotada a R$ 6,60, época em que apareceu o problema dos precatórios de São Paulo.

A queda não foi assistida passivamente pelo banco. Em junho de 2001, o banco anunciou seu novo estatuto e um programa de fortalecimento, que foi bem aceito pelo mercado, levando a cotação de seu papel a R$ 12,60. Depois disso, continuou tomando iniciativas que agradaram aos investidores: tornou-se banco múltiplo, privilegiou a governança corporativa, ampliou a diretoria estatutária, adotou a gestão por comitês e criou a área de administração de recursos de terceiros.

Também em 2001, fez captações no exterior que somaram R$ 850 milhões. Além disso, recordou Ênio Botelho, passou a trabalhar com novo modelo negocial, separando as áreas de varejo, pequenas empresas e corporativo. Em 2002, contabilizava 55 agências empresariais e 16 unidades *corporate*.

Com o Programa de Fortalecimento das Instituições Financeiras Federais, anunciado pelo governo em 2001, o banco passou a dar mais ênfase a conceitos importantes no mercado de capitais. Na palestra, o vice-presidente da instituição destacou, entre essas iniciativas, a criação do Demonstrativo de Valor Agregado e o direito de voto a portadores de ações preferenciais em situações especiais como fusão e cisão e eleições do Conselho de Administração e do Conselho Fiscal. Além disso, para a aprovação de questões estratégicas passou a ser necessária a aprovação de pelo menos cinco acionistas, sendo pelo menos um deles minoritário.

"Demonstramos na prática a importância da transparência", acredita Ênio Botelho. O reconhecimento do mercado foi imediato: em 2001, enquanto o Ibovespa tinha desvalorização de 11%, as ações do BB conseguiram alta superior a 70%.

O Banco do Brasil quer mais. Ciente da importância do mercado de capitais para seu crescimento, pretende dar ainda mais ênfase aos princípios de governança corporativa, entrar no Novo Mercado da Bovespa e, se possível, participar da pulverização de ações que o governo planeja fazer. Quer ter pelo menos 25% de suas ações negociadas na Bolsa.

UMA POTÊNCIA, POR CAUSA DO MERCADO DE CAPITAIS

O grupo Gerdau só é uma potência mundial na produção e venda de aço graças ao mercado de capitais brasileiro. Palavra de seu vice-presidente Frederico Gerdau, ao participar do painel sobre a visão das empresas sobre o mercado, em que lembrou: a corporação tem registro em bolsa desde 1947 e conseguiu nesse período recursos que lhe permitiram crescer e se diversificar – em 2001, o grupo produziu 7,2 milhões de toneladas de aço bruto no Brasil e 3,8 milhões de toneladas do produto no exterior.

Frederico Gerdau salientou que o mercado de capitais sempre esteve ligado à história do grupo. Em 1984, por exemplo, realizou a maior operação até então de aumento de capital com venda de ações. Os papéis da Cosigua (hoje Gerdau S.A.), empresa do grupo, foram oferecidos em agências bancárias com sucesso: a empresa ganhou 68,6 mil novos acionistas e captou US$ 45 milhões.

Segundo Gerdau, o grupo continuou a trabalhar em linha com o mercado. Em 1995, iniciou sua reestruturação societária e em 1999 começou a negociar ADR nível 2 na Bolsa de Valores de Nova York. Em 2002, foi a vez de aderir ao nível 1 de governança corporativa da Bovespa.

No processo de capitalização, recordou Frederico Gerdau, o grupo fez emissões de ações, entre 1980 e 2001, no valor de US$ 553 milhões (US$ 319 milhões públicas e US$ 234 milhões particulares). No mesmo período, pagou dividendos no total de US$ 726 milhões.

EMISSÕES E DIVIDENDOS DA GERDAU
Emissões de ações (1980 a 2001)
Públicas:	US$ 319 milhões
Particulares:	<u>US$ 234 milhões</u>
Total:	US$ 553 milhões

Dividendos pagos (1980 a 2001)
Total:	US$ 726 milhões

"O mercado de capitais sempre foi de grande importância para a Gerdau", garantiu o vice-presidente. A companhia aumentou, ao longo do tempo, seu grau de *disclosure*, passando a fornecer informações cada vez mais detalhadas para um público que cresce sem parar: "Hoje em dia, os dados são informados trimestralmente, uma exigência cada vez mais presente dos participantes do mercado". Além disso, incorporou práticas como *conference calls* bilíngües, reuniões com investidores no Brasil e no exterior, *road shows* e sites de relações com investidores.

Para Frederico Gerdau, essa cultura está mais que sedimentada no grupo. Ele lembra que seu irmão e presidente da corporação, Jorge Gerdau, sempre foi defensor da participação da companhia no mercado. Tanto que, em discurso que realizou há 18 anos, considerou mais importante fazer o marketing com ações da Gerdau do que com produtos siderúrgicos. E, segundo Frederico, enfatizou no mesmo discurso a importância de tratar adequadamente os acionistas: "Jorge foi claro nessa fala – para ele, os 90 mil acionistas do grupo na época deveriam ser tratados com a mesma deferência dispensada aos nossos clientes. Foi mais uma demonstração da força que o mercado de capitais tem para a Gerdau".

Um novo Mercado

Um novo desenho para o mercado

Dificuldades não faltam, mas o mercado de capitais pode sair delas. Para isso, é preciso analisar o histórico que levou ao atual cenário, propor mudanças e partir para a ação. Essa foi a avaliação dos participantes do painel "Mercado de Capitais Brasileiro – Diagnóstico, Ameaças e Oportunidades"

com:

CARLOS ANTÔNIO ROCCA	Care Consultores/Ibmec
ARY OSWALDO MATTOS FILHO	Mattos Filho Advogados
SERGIO ZAPPA	Unibanco
VLADIMIR ANTONIO RIOLI	Pluricorp
CLARICE MESSER	Fiesp
ROBERTO TEIXEIRA DA COSTA	Sul América
FRANCISCO PETROS	Presidente Abamec SP

O DESAFIO DE VENCER OBSTÁCULOS

O setor privado deve liderar a retomada de investimentos no mercado de capitais, fazendo *funding* a custos e condições competitivas. Dessa forma, pode mobilizar poupanças para os projetos produtivos da economia. A análise foi feita pelo professor Carlos Antônio Rocca, do Ibmec e da Care Consultores, que foi palestrante do painel.

Por isso, deve ser feito um retrospecto da situação do sistema financeiro, levando em conta sempre a realidade do mercado brasileiro. Segundo o palestrante, é preciso lembrar, por exemplo, que o sistema financeiro do País é pouco desenvolvido em comparação aos padrões internacionais. Essa constatação tanto é verdadeira, lembrou Rocca, que todos os indicadores de dimensão do mercado colocam o Brasil em situação desconfortável em relação a outros países.

Entre os indicadores, ele destacou a dimensão do setor em comparação ao PIB. De acordo com os dados consolidados mais recentes, de 1995, existem no Brasil 35,5% do PIB em ativos de mercado de capitais e 47,1% em ativos bancários. Nos Estados Unidos, essas proporções são de 153,7% do PIB no mercado de capitais e de 68,9% no caso dos bancos.

Além disso, o palestrante relembrou que, após o ciclo de crescimento induzido pela abertura da economia, privatizações e estabilização, o mercado dá sinais de estagnação – ou seja, depois de um avanço entre 1992 e 1998, houve paralisação de crescimento, e nos últimos três anos aconteceu significativa redução dos volumes de recursos negociados nas bolsas de valores.

Na análise de Carlos Rocca, há agravantes para esse quadro. O mercado de capitais é pouco utilizado como alternativa de captação de recursos porque poucas companhias abertas têm liquidez. Pelos números apresentados por ele, mais da metade dessas empresas tem papéis transacionados apenas por cerca de 60 dias por ano, e as cotações são inferiores ao valor patrimonial, além de terem baixo P/L. Tudo isso desemboca em custos elevados de captação.

O professor lembrou também que o custo de capital de terceiros das maiores companhias abertas é menor do que o das empresas de capital fechado. Mais ainda, o valor médio das emissões primárias tem se elevado e o número de empresas abertas está em queda desde os anos de 1980. Por isso, as maiores e melhores empresas têm captado recursos no exterior, promovendo lançamento de ADRs e fazendo a liquidez migrar para as bolsas de valores de outros países, principalmente dos Estados Unidos.

Carlos Rocca comentou ainda que o mercado de capitais brasileiro tem baixa atratividade para investidores, com pequena participação de títulos privados na carteira de investidores institucionais (fundos de pensão, por exemplo) e volume inexpressivo de renda variável.

Mas nem tudo são más notícias. Na avaliação dele, seria um erro se deixar levar pela onda de pessimismo e esquecer os indicadores positivos do mercado brasileiro. É o caso da institucionalização da poupança e da administração de riscos, com avanços importantes na regulamentação e no mercado de derivativos nos últimos anos.

Um passo decisivo para a retomada, afirmou o palestrante, é a identificação dos obstáculos ao crescimento do mercado. Uma das barreiras é o elevado custo do capital próprio, em função das altas taxas de juros, alta volatilidade da economia brasileira, prêmios de risco de acionistas minoritários e de risco de liquidez, e *underpricing* (o Brasil é, infelizmente, um dos campeões mundiais nesse campo, com uma média de 44%, ou seja, uma ação que vale R$ 100 é colocada a menos de R$ 60).

A experiência internacional mostra que o desenvolvimento do mercado depende, segundo Rocca, da qualidade da proteção ao investidor. Assim, uma empresa com 46% de ações preferenciais e um terço de ordinárias, como ocorre no Brasil hoje, pode valer 25% menos do que aquelas em que 100% dos papéis são ordinários, conforme pesquisa com duas mil empresas no Leste asiático. Em outras palavras, a proteção do acionista minoritário e a governança corporativa fazem toda a diferença para as companhias.

Outro entrave ao desenvolvimento do mercado de capitais brasileiro, lembrou o palestrante, é a elevada carga tributária, que estimula a economia informal. A estimativa de carga tributária potencial é de 53% do PIB (peso de 32% sobre 60% do PIB).

Existem ainda obstáculos culturais, como empresas familiares com controle concentrado, sem proteção adequada aos minoritários e aos credores.

Por tudo isso, Carlos Rocca considera que o Plano Diretor é fundamental, já que o mercado de capitais brasileiro tem potencial para financiar investimentos privados e atingir padrões internacionais, desde que passe por mudanças sugeridas, desta vez de maneira consolidada, pelas entidades do setor.

INOVAR, APROVEITANDO A CULTURA DE INVESTIMENTOS

O mercado de ações brasileiro tem uma origem curiosa: nasceu da vontade do governo em 1964. A lembrança foi feita por Ary Oswaldo Mattos Filho, da Mattos Filho Advogados e ex-presidente da CVM, que fez palestra no painel. A atuação do governo na criação do mercado, recordou, aconteceu com incentivos fiscais, juros subsidiados e compradores compulsórios (fundos de pensão e seguradoras).

Esse modelo, ao longo do tempo, foi perdendo força. Segundo ele, o enfraquecimento aconteceu principalmente com a quebra do Estado e com a revolta dos compradores compulsórios. Essa mudança criou investidores que não necessariamente queriam ser acionistas, apesar de as ações terem se tornado o produto mais sofisticado do mercado já que o comprador tem de saber analisar a conjuntura e conhecer balanços e muitos segredos da matemática. Uma das provas do desinteresse do investidor, avaliou, é o baixo quórum das assembléias de acionistas. E existe um exemplo ainda mais claro da falta de interesse: o esquecimento de muitos investidores de que tinham cotas do Fundo 157 a resgatar.

Em um quadro como esse, rememorou o palestrante, o mercado de capitais só poderia ter perdido força. De 1980 a 2000, o número de companhias abertas caiu, na medida em que os incentivos diminuíram. Também ficou menor o número de registros de companhias abertas. Passou a haver falta de liquidez (v. gráfico).

CONCENTRAÇÃO DE LIQUIDEZ

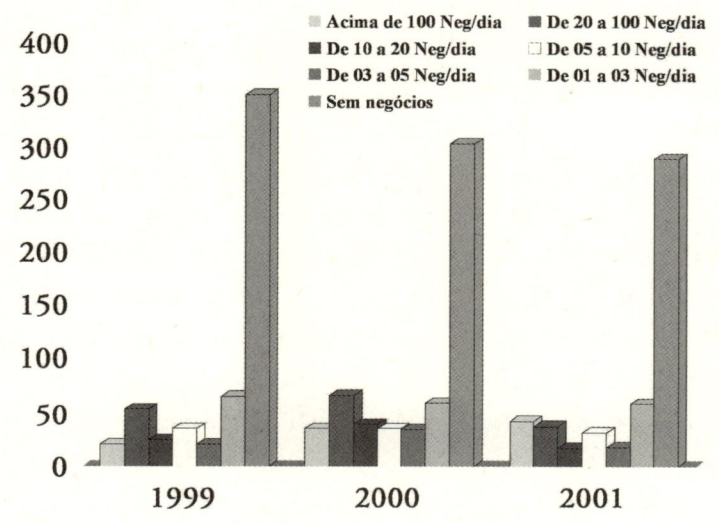

Mattos Filho comentou que, ao mesmo tempo, o mercado tem produtos em crescimento, em especial as debêntures. Os grandes investidores na Bolsa de Valores de São Paulo hoje são as instituições financeiras, os estrangeiros e as pessoas físicas, nessa ordem. E o mercado de ações tem sido incapaz de financiar empresas médias que querem abrir seu capital (v. gráfico abaixo).

VALOR DAS EMISSÕES EM MILHÕES DE R$

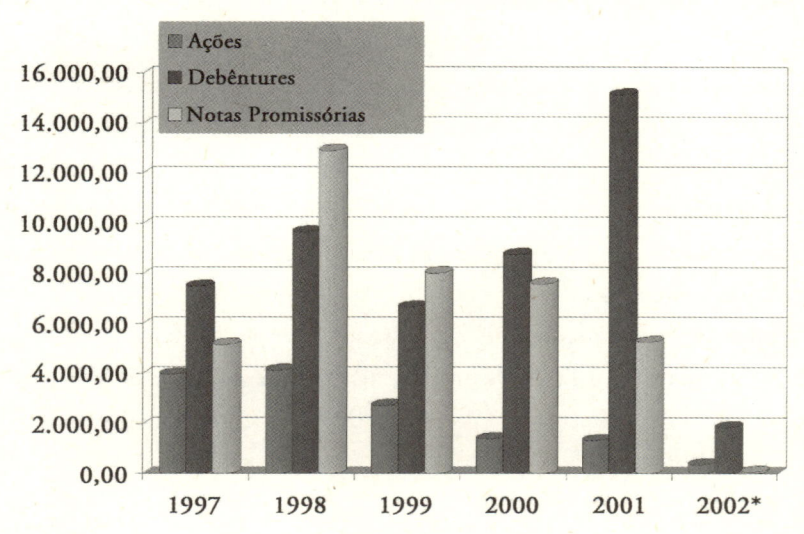

A análise da história mostra, garantiu o palestrante, que o Brasil tem tendência à renda fixa (mesmo em tempos de baixas taxas de juros as empresas preferem a renda fixa à variável) e, culturalmente, é mais importante no País ter a propriedade do que o uso, ainda que esse seja mais barato. Além disso o setor está desaparelhado para o lançamento de pequenos volumes, o que impede o crescimento das empresas de pequeno porte.

Com base nesse cenário, Mattos Filho defende a implantação de medidas para recuperar o mercado. Entre elas, destacou a criação de papéis para o público e não só para os fundos, o aproveitamento da tendência à renda fixa para desenvolvê-la, a redução do valor unitário dos papéis, o estímulo ao mercado secundário, a oferta realmente pública dos papéis e maior divulgação dos certificados de crédito coletivo.

UM QUADRO COM POUCOS TONS RÓSEOS

Criador da CVM, Roberto Teixeira da Costa estuda há anos as causas do enfraquecimento do mercado. Ao participar como convidado especial do painel, afirmou que há vários motivos para explicar a queda, com um destaque: o governo não prioriza o mercado de capitais, ao contrário do que seria necessário.

"Os programas de governo nos últimos vinte anos mostram essa realidade", garantiu Teixeira da Costa, que atualmente é vice-presidente do Conselho de Administração da Sul América. Para ele, o mercado de capitais tem sido, nos últimos tempos, cada vez mais relegado a posições inferiores, sem o merecido destaque de que usufruía antes, "a ponto de não ter havido correlação positiva entre desenvolvimento econômico e crescimento do mercado de capitais, nem iniciativas dos legisladores a favor da poupança de longo prazo".

Para agravar esse quadro, disse o convidado especial, não há no Brasil cultura que favoreça o lucro, "em um país em que o Catolicismo sempre temeu a usura, ao contrário das nações de forte contorno protestante". Para reforçar essa tese, ele lembrou que a Constituição brasileira estabelece um teto de juros de 12% ao ano.

As bolsas de valores, por sua vez, têm no País a imagem de cassinos, recordou Teixeira da Costa, "em vez de serem vistas como o que realmente são, ou seja, importantes instrumentos de financiamento de empresas".

O palestrante afirmou ainda que, a todos esses obstáculos, somou-se a postura do governo de não abrir espaço para o investidor privado, mesmo depois das privatizações. E há também o desinteresse pela intermediação financeira e uma dependência excessiva da Comissão de Valores Mobiliários em relação ao Ministério da Fazenda. O cenário, portanto, é de dificuldades e o mercado de capitais terá que trabalhar duro para encontrar alternativas que permitam voltar a ocupar lugar de destaque na economia brasileira.

INDÚSTRIA TENTA ESCAPAR DO GARROTE DOS JUROS

As indústrias não têm dúvidas: o mercado de capitais pode ser de grande valia para o crescimento do setor industrial, que atualmente tem como principal alternativa para financiar investimentos os empréstimos bancários – o que praticamente inviabiliza o acesso ao capital, principalmente pelas pequenas e médias empresas, porque o nível dos juros é dos mais elevados do mundo.

A análise foi feita por Clarice Messer, diretora do Departamento de Estatísticas e Estudos Econômicos da Fiesp (Federação das Indústrias do Estado de São Paulo), que foi uma das debatedoras do painel. Ela defendeu a crescente integração das empresas com o mercado de capitais, como forma de impulsionar o setor industrial.

As dificuldades de acesso ao crédito são tão grandes para a indústria, afirmou Clarice, que a Fiesp criou um grupo de trabalho para propor alternativas para reduzir os custos e facilitar esse acesso para pequenas e médias empresas e informá-las melhor nas negociações de empréstimos. "A Fiesp trabalha em duas frentes principais na análise desses canais alternativos, entre eles o mercado de capitais, securitização e venture capital", informou.

Em relação à securitização, disse a palestrante, a Fiesp atua para segregar o risco, em propostas de regulamentação de fundos de recebíveis, e pela securitização setorial, além de se empenhar num projeto-piloto de securitização.

Na área de *venture capital*, o trabalho é pela revisão dos custos de empresas abertas e dos tributos que incidem nas operações em bolsas de valores, pela certificação da governança corporativa e pela difusão de informações do mercado de capitais. Foram criados, também, fundos de empresas de base tecnológica e de fundos de empresas de base tradicional.

Essa ampla ação mostrou-se necessária para evitar o estrangulamento das companhias. Clarice Messer disse que essa iniciativa da Fiesp é mais um reconhecimento da importância do mercado de capitais, que em vários países exerce papel de ponta para o crescimento da indústria – uma demanda crescente do setor, principalmente em tempos como os atuais de constantes inovações tecnológicas.

Mercado cresce. Mas pára

A comparação do mercado acionário brasileiro com o de outros países mostra uma fotografia preocupante, principalmente quando o foco é o momento recente. O diretor e executivo de mercado de capitais do Unibanco, Sergio Zappa, reconheceu essa situação de dificuldades ao falar como debatedor do painel.

"Nos últimos dez anos, nossas empresas foram buscar recursos no exterior e investidores externos vieram para o Brasil", lembrou. A situação levou a um cenário preocupante, segundo ele: "O mercado cresceu, mas estagnou".

O desenvolvimento do mercado de capitais tem como obstáculo, de acordo com Zappa, um sério entrave: "Falta uma curva de juros, elemento básico". Além disso, na avaliação dele, existem sérios problemas macroeconômicos a obstar o crescimento do mercado: "Os juros reais são estratosféricos e a voracidade do setor público grande".

Nessa situação, o diretor do Unibanco considera que, enquanto não houver crescimento do mercado financeiro de renda fixa, não haverá aumento de ganho suficiente para as empresas. Ele considera esse ponto vital o desenvolvimento do setor : "É preciso verificar se há condições de consolidação do mercado de renda fixa, sem a qual não se pode desenvolver o mercado de renda variável", garantiu.

Agora vai!

Haveria motivos de sobra para pensar que o mercado de capitais brasileiro está condenado. No entanto, o Congresso da Abamec e a elaboração do Plano Diretor do Mercado de Capitais mostraram que a realidade é outra. "Temos todas as condições de acabar com esse pessimismo", assegurou Vladimir Antonio Rioli, debatedor do painel, ex-presidente da Abamec nacional e presidente da Pluricorp.

Excesso de otimismo? Rioli garante que não: "Com o plano, podemos ter a retomada, porque agora contamos com o apoio de todos os participantes do mercado de capitais", lembrou.

Sem essa união do setor, nada poderia ser feito, afirmou, até porque os obstáculos são vultosos: "Só para citar alguns problemas, o setor conviveu nos últimos anos com inflação, juros altos e desinformação", recordou.

Na análise de Rioli, quando se pensou, em 1971 e 1986, que a inflação estava controlada de vez, "o mercado desabou, porque ela tinha sido, sim, manipulada". Depois de 1994, porém, a inflação está efetivamente sob controle, "mas não está debelada, o que dá uma boa perspectiva ao mercado para os próximos anos, mas mantém seus agentes em alerta".

Outro inimigo poderoso – os juros altos – continua à solta, reconheceu o debatedor. Mesmo nesse ponto, no entanto, ele vê perspectivas melhores: "As projeções são de taxas mais condizentes no médio prazo, dentro de cerca de cinco anos".

A desinformação é o ponto a ser atacado para que o mercado volte a crescer com consistência. Na opinião de Vladimir Rioli, é necessário mostrar à sociedade o que é, realmente, o mercado de capitais. É preciso, para isso, fazer uma campanha intensa, "o que pode acontecer se houver um canal direto de comunicação entre os administradores de fundos de pensão e seus participantes".

Não se deve poupar informações nessa campanha, assegurou Rioli: "É necessário explicar tudo, em detalhes, ao pequeno e médio poupador, já que o crescimento do mercado estará calcado na poupança privada".

O MERCADO NA VISÃO DAS EMPRESAS

Uma missão nada impossível

Conseguir recursos para o mercado de capitais pode ser uma tarefa árdua. Mas há sinais positivos, com destaque para a venda pulverizada de ações com utilização do Fundo de Garantia e os programas do BNDES de incentivo à transparência, como ficou demonstrado no painel "Mobilização de Recursos Novos para o Mercado de Capitais"

com:

Estella de Araújo Penna	BNDES
Paulo Rabello de Castro	SR Ratings
Fábio Ohara Ishigami	Secretaria da Previdência Complementar
Roberto John Van Dijk	Bradesco
Alexandre Parisi	Caixa Econômica Federal
Luiz Fernando Rolla	Cemig
Lúcio Flávio Sesti Paz	Presidente do Congresso Abamec

CRIANDO AS *BLUE CHIPS* DE AMANHÃ

O Brasil precisa pensar no mercado de capitais com uma visão ampla, ter em vista exclusivamente o quadro atual. Assim, é preciso dar incentivos para que novas empresas abram capital, fazendo com que pequenas e médias empresas transformem-se, no futuro, nas *blue chips* do mercado de ações.

Essa visão perspectiva foi o principal tema da palestra de Estella de Araújo Penna, superintendente da área de renda variável do Banco Nacional de desenvolvimento Econômico de Social (BNDES). Para ela, o desenvolvimento do mercado de capitais passa necessariamente pela disseminação da cultura de capital de risco no País. Pode parecer uma missão impossível, reconheceu Estella, mas a venda pulverizada de ações com possibilidade de utilizar o FGTS indicou que a sociedade não é tão refratária quanto se imagina em relação ao investimento em renda variável.

A palestrante defendeu também a criação de novos produtos para a capitalização das empresas e o estímulo à governança, que o BNDES tem adotado nos últimos tempos. Ela lembrou que tem acontecido uma ação institucional conjunta, que além do BNDES inclui Banco Central, CVM e Bovespa, ao lado de organismos internacionais, na tentativa de melhorar a qualidade do produto "ação".

PRINCIPAIS INDICADORES	
	R$ BILHÕES
Ativos Totais:	20,3
Valor de Mercado das Ações:	20,3
Número de Empresas:	294
Carteira Própria:	154
Através de Fundos:	140
	Set/2001

Entre essas iniciativas, Estella Penna destacou o programa do BNDES de apoio a novas sociedades anônimas, lançado em 2000: "São recursos que somam R$ 400 milhões em quatro anos, de incentivo à abertura de capital no Novo Mercado da Bovespa". Nessas companhias, o estatuto prevê direito a *tag along* e a exclusividade de ações ordinárias. Segundo a palestrante, foram feitas sete operações dentro desse programa, que somaram R$ 82,5 milhões.

Outra iniciativa do banco lembrada pela superintendente de Renda Variável foi o incentivo a fundos fechados. "Criamos um departamento exclusivamente para cuidar disso", lembrou. O BNDES, de acordo com Estella, montou um fundo de *private equity* e um de *venture capital* "de maneira pioneira" para empresas com base tecnológica.

No total, recordou, formaram-se 15 fundos fechados dentro desse programa do banco, que deram apoio a 140 empresas. Essas companhias fizeram investimento total de US$ 1,3 bilhão, do qual o BNDESPar foi responsável por US$ 180 milhões. Existem mais 18 fundos desse tipo em análise.

Estella Penna citou também, entre as diretrizes básicas para a área de renda variável do BNDES, o incentivo à transparência das empresas para obtenção de recursos do banco. No caso de companhias abertas, a determinação é que as empresas entrem no nível 1 de governança corporativa do Novo Mercado da Bovespa (que incentiva a transparência). Nas companhias fechadas, o apoio da instituição é para empresas com perspectivas de abrir capital, também no Novo Mercado.

São medidas necessárias, mas não suficientes para o fortalecimento das aplicações em bolsa. "Precisamos lembrar que o mercado só se fortalece quando há uma cadeia de investimentos no processo de amadurecimento das empresas", afirmou a palestrante. Ela recordou que o primeiro elo dessa cadeia, "a semente", é o investidor, principalmente pessoa física. Os recursos desse aplicador permitem o nascimento de empresas, que passam de iniciantes a emergentes, tornam-se maduras e podem entrar no mercado.

Por isso, ela considera de grande importância dar apoio a pequenas e médias empresas com capital de risco. "Ainda há muita resistência a essa idéia", reconhece. "No entanto, é preciso trabalhar nessa direção porque as atuais pequenas empresas serão as companhias de destaque, as mais negociadas na Bolsa, no futuro".

Nos países desenvolvidos, lembrou Estella Penna, o mercado não se apóia nas *blue chips*, mas sim na cadeia de investimento: "A Bolsa de Nova York é a ponta final de linha nos Estados Unidos. Sem os elos que a antecedem, o mercado não se sustenta". É nessa verdade, segundo ela, que o Brasil deve se basear para trazer novos recursos – e novas empresas – que ajudarão a fortalecer o mercado de capitais.

À ESPERA DO "CONVITE PARA A FESTA"

O BNDES tem adotado iniciativas que teoricamente beneficiam o mercado de capitais, mas os resultados ficam, na maioria dos casos, aquém do que se poderia esperar. O professor Paulo Rabello de Castro, diretor da SR Ratings, fez questão de fazer esse comentário na abertura de sua palestra, que se seguiu à de Estella Penna, do BNDES.

"Há boa vontade, mas onde estão os recursos que permitiriam falar em crescimento efetivo do mercado?", perguntou Rabello de Castro. Ele considera importantes, mas insuficientes, algumas iniciativas de entidades como o BNDES: "No Brasil, tiramos nota zero quando se trata de conseguir recursos nas fontes de onde eles deveriam vir".

O professor relembrou que os recursos para o mercado poderiam se originar de empresas produtivas. No entanto, na avaliação dele, isso não acontece porque as companhias estão enredadas em um endividamento crescente, "enquanto a produção decresce e a carga tributária sobe sem parar, já apontando para um peso de 35% do PIB".

Por isso, avalia, as empresas não conseguem reter recursos que poderiam utilizar em aplicações no mercado.

Para Rabello de Castro, o investimento só será retomado no nível necessário se houver mudanças macroeconômicas. No período de 2003 a 2006, por exemplo, ele garante que a produção precisaria crescer 5%, em um qua-

PROPOSTA DE PROGRAMA MACROECONÔMICO		
	2003-2006	2007-2012
Produção:	5%	5%
Inflação:	3 - 5%	3%
Juro Real:	9 - 10%	7%
Investimento (% do PIB):	22%	25%

dro de inflação de 3% a 5% (e com juro real entre 9% e 10%), para que a proporção do investimento em relação ao PIB subisse para 22% (v. quadro na página anterior). No entanto, o palestrante não tem muitas esperanças de que isso aconteça: "O aumento de investimentos parece esquecido".

Apesar dessas dificuldades, o professor Paulo Rabello de Castro acredita que o mercado de capitais pode crescer, desde que adote um modelo que inclua milhões de acionistas. "A demanda da sociedade é por inclusão", garantiu, lembrando a vontade demonstrada pelos trabalhadores de comprar mais ações com a utilização do Fundo de Garantia.

"Não fomos convidados para a festa da pulverização", comentou ao lembrar o processo de privatização que começou em 1995 (e que não incluiu a maior parte dos potenciais investidores) e a limitação a R$ 1 bilhão à compra de ações da Vale do Rio Doce com uso do FGTS. O palestrante considerou que houve privilégio "para o tranche estrangeiro" nessa operação.

Rabello de Castro considera importante que se transforme milhões de brasileiros em participantes do mercado, trazendo os recursos necessários ao crescimento. Entre as medidas nesse sentido, defende a liberação de recursos do FGTS, "dando independência para que o poupador aplique esse dinheiro da maneira que julgar mais adequada".

O Fundo de Garantia, na opinião do professor, deveria se transformar em FGLE (Fundo de Garantia de Livre Escolha). O impacto seria expressivo: "Liberados os recursos, o trabalhador procuraria o mercado, que duplicaria de tamanho em quatro anos".

De acordo com o palestrante, a criação do FGLE não prejudicaria o país porque o FGTS não tem cumprido seu papel: "Os recursos do Fundo de Garantia deveriam, originalmente, ser direcionados para casa própria, saneamento e ajuda à aposentadoria. Sabe-se que não cumpre nenhuma dessas finalidades".

Iniciativas como essa, assegurou Rabello de Castro, significam não só mais recursos, "mas o resgate do mercado de capitais, tão necessário ao país". E, mais ainda, podem representar o enriquecimento do debate em direção ao "resgate da pobreza no Brasil", pela importância que o mercado tem também em relação à distribuição de renda.

Momento de decisão

O mercado de capitais precisa de novos recursos para crescer, mas antes precisa responder a uma dúvida: é o mercado que gera desenvolvimento sustentado ou vice-versa? A pergunta foi feita por Robert John Van Dijk, diretor superintendente da Bradesco Asset Management, que participou do painel como debatedor.

Ele considera que consolidar a estabilização econômica significa completar o processo de substituição da principal fonte de financiamento, do setor público para o privado. O mercado tem papel preponderante nesse processo, garantiu, ajudando a criar "um novo padrão de financiamento e de crescimento, menos calcado em tributos".

Nesse quadro, afirma Van Dijk, haverá menos disputa do governo por recursos "porque essa passará a ser uma iniciativa das empresas privadas". Ele lembrou, no entanto, que "o mercado moderno não cria poupança, mas a redistribui".

Van Dijk destacou a atuação do BNDES, "que tem tido papel muito importante na disseminação da cultura de capital de risco". Elogiou, também, o fortalecimento do conceito de governança corporativa, mas lançou um alerta: "Temos sido 'vendedores' desse conceito, mas se ele não for 'comprado' pelo investidor, não teremos governança".

O debatedor salientou também que toda a discussão em relação ao mercado de capitais, seu desenvolvimento e necessidade de novos recursos passa por uma palavra: ética. "Não podemos pensar em deixar esse ponto de lado para que se dê curso a todas as transformações que tornarão o mercado mais forte e atraente para os investidores."

O peso dos fundos de pensão

A previdência é a poupança institucionalizada e, como tal, tem peso significativo para a obtenção de novos recursos para o mercado de capitais. A lembrança é de Fábio Ohara, coordenador geral de investimentos da Secretaria de

Previdência Complementar e debatedor do painel de mobilização de novos recursos para o mercado.

Os fundos de pensão, afirmou Ohara, são responsáveis por praticamente 50% do capital das empresas no país. Essa situação mostra a importância das fundações, que, na opinião dele, deveriam ter seu comportamento acompanhado por uma agência unificada para, dessa forma, ter um tratamento mais adequado e uniforme, que lhes permita crescer sem solavancos, como convém quando se fala em investimentos de longo prazo.

Pelos cálculos do dirigente da Secretaria de Previdência Complementar, as fundações fazem investimentos de R$ 152 bilhões por ano – e apenas 29% desse total em renda variável. Essa proporção pode mudar, afirma, desde que os juros caiam e que se criem incentivos ao crescimento das aplicações de risco nos portfólios dos fundos de pensão.

INVESTIMENTOS DAS ENTIDADES FECHADAS DE PREVIDÊNCIA COMPLEMENTAR (EFPCs)

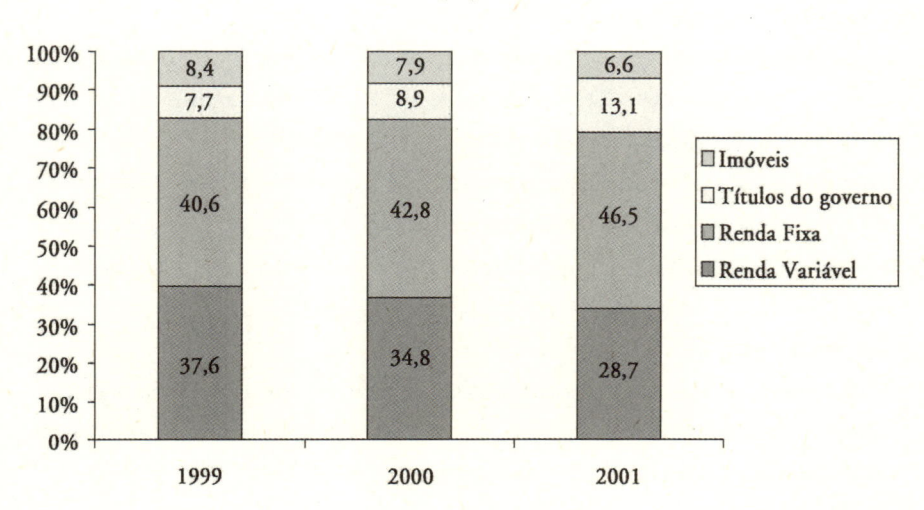

Participação por segmento (%)

Segmento	1999	2000	2001
Imóveis	8,4	7,9	6,6
Títulos do governo	7,7	8,9	13,1
Renda Fixa	40,6	42,8	46,5
Renda Variável	37,6	34,8	28,7

O técnico recordou que a resolução 2829 do Conselho Monetário Nacional estabeleceu limites para a aplicação de recursos das fundações, mas ao mesmo tempo privilegiou a governança corporativa: "O total de aplicação em renda variável pode chegar a 60% nos casos de investimento em papéis de companhias que adotam a governança".

Além dos limites, têm-se se fortalecido conceitos benéficos ao mercado, garantiu Fábio Ohara, com destaque para o *Asset Liability Management*, o fortalecimento do administrador responsável e a adoção da política anual de investimentos.

Para que os recursos entrem no mercado na proporção desejada, no entanto, é preciso que se reproduza o exemplo dos Estados Unidos. Ohara recordou: "O mercado norte-americano ensinou que, conforme os juros dos títulos (*bonds*) caem, o mercado de *high yield* (risco) apresenta tendência oposta".

O debatedor conclui que com juros em queda, haverá maior direcionamento de recursos das fundações para renda variável – e o mercado de capitais poderá voltar a crescer, recebendo parte significativa da poupança criada no país.

Capilaridade, uma aliada de peso

A Caixa Econômica Federal quer ser participante ativa da mobilização de novos recursos para o mercado de capitais. É o que garantiu Alexandre Parisi, da Superintendência de Mercado de Capitais e Finanças Estruturadas da instituição, debatedor do painel, para quem a CEF não só acredita no mercado como pretende ajudar a fortalecê-lo.

Trata-se de uma inovação importante. "A CEF tem quebrado paradigmas", afirmou Parisi, "e quer atuar na democratização do acesso ao mercado acionário". Ele lembrou que foi a instituição estava tendo sua primeira participação em congressos da Abamec e tem trabalhado a favor da maior transparência de suas iniciativas.

Como relembrou o debatedor, a CEF é líder em operações de crédito imobiliário. Atua ativamente, também, no financiamento do setor de construção civil e busca o fortalecimento do segmento de securitização de recebíveis imobiliários.

Ainda há muito a fazer nessa fatia do mercado, afirmou Alexandre Parisi. Pelos cálculos dele, essas operações representam apenas 0,023% do PIB brasileiro em comparação aos 43,9% do PIB nos Estados Unidos. "O mercado norte-americano de letras hipotecárias cresceu muito na década de 1990, acompanhando o período de euforia da economia", constatou.

A ativa participação da Caixa Econômica no segmento não significa falta de disposição para atuação no mercado de capitais. O superintendente de capitais da instituição rememorou que os fundos mútuos de privatização da CEF, na venda de ações com utilização do FGTS, atraíram 310 mil investidores em ações da Petrobras e 720 mil para a Vale do Rio Doce. Em outras palavras, a CEF ficou com cerca da metade do total negociado nessas operações.

FUNDO MÚTUO DE PRIVATIZAÇÃO PETROBRAS				
Fundo	R$ MM	%	Contas	%
Caixa FMP - FGTS Petrobras	836	51%	194.542	63%
Número de empresas:	1.639	100%	310.000	100%

Como a Caixa conseguiu ter essa participação tão elevada? "Pela capilaridade de nossa rede", responde Alexandre Parisi. Ele diz que as agências espalhadas pelo país foram fundamentais para a venda das ações da Vale e da Petrobras pela CEF já que conseguiram buscar o investidor onde ele estivesse. E assegurou que a rede continuará a ser utilizada na captação de recursos para o mercado: "Em dezembro de 2000, tínhamos 8.500 agências. Pretendemos chegar ao final de 2002 com 14 mil agências, que podem ser usadas na difusão do mercado de capitais".

Além disso, a Caixa Econômica Federal tem feito sua lição de casa. Além da abertura para a transparência na prestação de contas, tem buscado o *rating* de agências internacionais de classificação de risco. Criou, ainda, a Superintendência de Mercado de Capitais e Finanças Estruturadas. "São iniciativas que mostram nosso compromisso com o mercado", afirmou Parisi. O trabalho significa, também, que é possível trazer investimentos para renda variável, mesmo em um cenário que favoreça, a princípio, as aplicações em renda fixa.

O EXEMPLO DO MÉXICO

Conseguir novos recursos para o mercado de capitais não é uma missão impossível. No entanto, requer muito trabalho, principalmente na reconquista da confiança do investidor, de acordo com avaliação de Luiz Fernando Rolla, superintendente de Relações com Investidores da Cemig e convidado especial do painel.

Ele rememorou situações que serviram no passado como desestímulo ao investidor: "As bolsas tiveram baixas significativas nas décadas de 1980 e 1990. Antes disso, houve outros problemas que tiraram a confiança do aplicador, embora não estivessem diretamente relacionados ao mercado. Os montepios, por exemplo, recolheram durante anos uma parte da poupança destinada à aposentadoria para no final se transformarem em um 'mico' que abalou o investidor".

A retomada da confiança, defendeu o convidado, será obtida se houver um compromisso claro do país com a transparência e a orientação voltada ao esclarecimento do investidor. Ele lembrou o exemplo do México para reforçar essa tese: "Participei de duas conferências com o atual presidente mexicano, Vicente Fox, destinadas a investidores internacionais, nas quais ele mostrou claramente os compromissos de seu país com o crescimento sustentado e o respeito aos aplicadores".

A primeira dessas conferências, lembrou o superintendente da Cemig, aconteceu logo depois de Fox ter vencido as eleições. A segunda foi um ano depois, "mais incomum porque não é sempre que um presidente se dispõe a conversar abertamente depois de um período no governo". O resultado dessa postura, afirmou o convidado especial do painel, foi a formação de uma sólida confiança na administração do México.

No caso brasileiro, Luiz Fernando Rolla defende que, além de iniciativas desse tipo, haja um compromisso com a eficiência e a eficácia na aplicação das leis (*law enforcement*). Sem isso, assegurou, "não adianta falar em governança corporativa e em transparência porque o investidor vai se manter afastado do mercado".

O combate à corrupção também é considerado por ele como ponto vital para a retomada das aplicações no mercado de capitais: "Este câncer precisa ser combatido, porque abala a confiança e traz enorme fuga de recursos". O convidado recordou que Vicente Fox colocou a luta contra a corrupção como prioridade de seu governo nas conferências que teve com investidores internacionais. "Isso mostra como o mercado dá importância a esse ponto", afirmou.

PRODUTOS E MERCADOS

Sem medo de ousar

As dificuldades do mercado de capitais no Brasil são enormes, mas estão aí para ser enfrentadas com criatividade e ousadia. No painel "Desenvolvimento e Aprimoramento de Produtos e Mercados", os participantes mostraram exemplos bem-sucedidos, no país e no exterior, de fortalecimento das bolsas durante e depois de tempos difíceis

com:

THOMÁS TOSTA DE SÁ	Mercatto
MARCELO FIDÊNCIO GIUFRIDA	Anbid
NEY CASTRO ALVES	Adeval
WLADIMIR CASTELO BRANCO CASTRO	CVM
MANOEL FELIX CINTRA NETO	Presidente da BM&F
JOÃO CARLOS DE MAGALHÃES LANZA	Presidente da Abamec MG

O QUE É BOM PARA OS ESTADOS UNIDOS...

Tido como paradigma em todo o mundo, o mercado de ações dos Estados Unidos já enfrentou muitas situações difíceis. No entanto, soube sair das crises e se fortalecer – o que, com as necessárias adaptações à nossa brasileira, pode ser feito também no País. A tese foi defendida no painel pelo palestrante Thomás Tosta de Sá, diretor da Mercatto e ex-presidente da CVM.

"A década de 1970 foi complicada para o mercado de capitais dos Estados Unidos", relembrou. As causas da crise foram principalmente a guerra do Vietnã, movimentos estudantis de protesto e a renúncia do presidente Richard Nixon. Elas provocaram uma queda acentuada do índice Dow Jones, de 1.051 pontos em janeiro de 1973 para 577 pontos em dezembro de 1974.

O número de investidores no mercado também desabou. Pelos dados do palestrante, o total caiu de 30,8 milhões de aplicadores em 1970 para 25,3 milhões em 1975. Os números assustaram, mas, em vez de acomodamento, a situação difícil levou à conclusão de que era preciso realizar uma reestruturação completa do setor.

Entre as medidas corretivas tomadas na época nos EUA, Tosta de Sá destacou a lei Erisa (*Employment Retirement Income Security Act*), o processo de mudança da Bolsa de Nova York, que, em 1972, profissionalizou seu conselho de administração, e a criação da Nasdaq, a bolsa que negocia principalmente ações de empresas de tecnologia – mercado em que prevalece a modalidade de oferta, com a interferência do *market maker* competitivo (enquanto na Bolsa de Nova York prevalece o modelo de leilão).

Mais do que isso, foi necessário criar mecanismos de *hedge* quando Richard Nixon renunciou à presidência, como os mercados futuros de ativos financeiros. Adotou-se, também, a corretagem negociada (nessa época os custos da NYSE eram considerados muito elevados).

Outra medida importante para a recuperação do mercado norte-americano, lembrou o palestrante, foi a viabilização do desenvolvimento da indústria de *venture capital* – até 1979, os fundos de pensão não podiam trabalhar com essa alternativa de investimento, mas com uma nova interpretação da norma que rege esse segmento isso passou a ser possível.

Mais adiante, nos anos de 1980, aconteceu outra mudança que ajudou na retomada: o Congresso percebeu a importância do mercado e começou a incentivar a participação no mercado de capitais norte-americano, recordou Tosta de Sá. Nesse ponto, o destaque foram os planos de apoio à participação dos trabalhadores no capital das empresas (*Employee Stock Ownership Plans*).

Os resultados dessas mudanças foram animadores nos EUA: o número de investidores saltou de 25 milhões em 1975 para 80 milhões em 2000. Além disso, a poupança previdenciária cresceu de 30% do PIB em 1970 para 70% em 1990 e para 115% em 2000, e o volume de captação das empresas norte-americanas cresce de maneira exponencial – pulou de US$ 38 bilhões em 1970 para US$ 2,5 trilhões em 2000 (v. tabela abaixo).

	A RECUPERAÇÃO NOS EUA						
						VALOR DE MERCADO U$ BILHÕES	
	NYSE		AMEX		NASDAQ		TOTAL
1980	1242,8	100	82,9	100	122,4	100	1448,1
1990	2819,8	571	102,3	123	310,8	254	3232,9
2000	12372,3	996	124,9	151	3597,1	2939	16094,3

Fonte: Banco Merrill Lynch

Outros números mostram a dimensão da recuperação. O palestrante recordou que o valor de mercado das empresas cotadas na Bolsa de Nova York elevou-se de US$ 1,242 trilhão em 1980 para US$ 12.372,3 trilhões em 2000). Na Nasdaq o salto foi de US$ 122,4 bilhões em 1980 para US$ 3.597,1 trilhões em 2000.

Tosta de Sá contabilizou ainda o aumento do número de empresas listadas em bolsas de valores norte-americanas, de 6.785 em 1980 para 8.361 em 2000, e o crescimento da captação das empresas de *venture capital* de US$ 10 milhões em 1975 e US$ 100 bilhões em 2000.

No Brasil, com todas as diferenças que marcam a economia dos dois países, também já aconteceram processos de recuperação das bolsas de valores, recordou o palestrante. No começo da década de 1990 aconteceu a valorização do Ibovespa, o aumento dos volumes negociados e abertura para o capital externo. Pouco antes, de 1986 a 1991, as bolsas caíram quase 90%, depois do rumoroso caso Nahas. Houve pouco tempo para respirar, lembrou o diretor da Mercatto. A partir de 1997, ocorreu nova crise baseada em fatores externos (crise asiática e crise russa) e internos (crise cambial de 1999, juros elevados, aumento da dívida, déficits de transações correntes e CPMF).

Há muito o que fazer, portanto, para recuperar as bolsas brasileiras e desenvolver o mercado de capitais. Entre os fatores macroeconômicos, Tosta de Sá destacou as reformas estruturais (previdenciária, tributária, trabalhista, política e do Judiciário), o superávit fiscal e comercial, a redução da taxa de juros e o fim da cobrança da CPMF.

No campo da microeconomia, ele defendeu a ênfase à governança corporativa, com maior transparência para empresas e mais direitos para acionistas minoritários, além da profissionalização do conselho de administração das bolsas, como ocorreu nos Estados Unidos. Considerou fundamental, também, a viabilização da economia informal, que hoje contribui com 40% do PIB e 60% dos empregos da força de trabalho do país.

A missão parece impossível, mas não é, assegurou Tosta de Sá. Para que se caminhe na solução desses problemas, ele pede a redução de tributos e revisão da legislação trabalhista e associação de educação e poupança interna à dimensão social do mercado de capitais.

Para o desenvolvimento do mercado de capitais, o palestrante insistiu na criação de uma nova estrutura de negociação no mercado secundário (no modelo da Nasdaq) e no fortalecimento do Novo Mercado da Bovespa, "que leva tempo devido à necessidade de se alterar a estrutura acionária das empresas". Defendeu, também, a adoção de um programa de educação do investidor e a criação da Escola Nacional de Investidores, além da criação de novo produtos nos moldes de clubes de investimento na poupança previdenciária. E considerou fundamental a criação de lei que permita o uso do PLR – a participação do trabalhador nos lucros e resultados das empresas – além do incentivo à governança corporativa para empresas emergentes (v. quadro).

Com esses novos produtos e mercados, Tosta de Sá acredita que o mercado brasileiro pode retomar seu lugar de destaque. Citando frase do falecido professor Roberto Campos, concluiu: "A base para o desenvolvimento econômico sustentado no Brasil depende fundamentalmente da educação e do aumento da poupança interna".

Aos fundos, seu devido valor

A indústria de fundos não é a panacéia para o mercado de capitais brasileiro. Mas seu desenvolvimento é fundamental para que o mercado volte a apresentar desempenho positivo, segundo avaliação de Marcelo Fidêncio Giufrida, vice-presidente da Anbid (Associação Nacional dos Bancos de Investimento), que foi palestrante do painel.

Pelos dados apresentados por ele, o segmento de fundos vem crescendo acentuadamente no Brasil – é o 11º maior do mundo, representa 79% do total da América Latina (o México detém 17% e o Chile 2%) e tem ativos de R$ 360 bilhões. É muito, mas pode ser ainda melhor: consultores especializados prevêem que o mercado de fundos pode chegar, em cinco anos, a R$ 675 bilhões.

FUNDOS DE INVESTIMENTO NO BRASIL – (EM BILHÕES DE REAIS) NOS ÚLTIMOS 5 ANOS

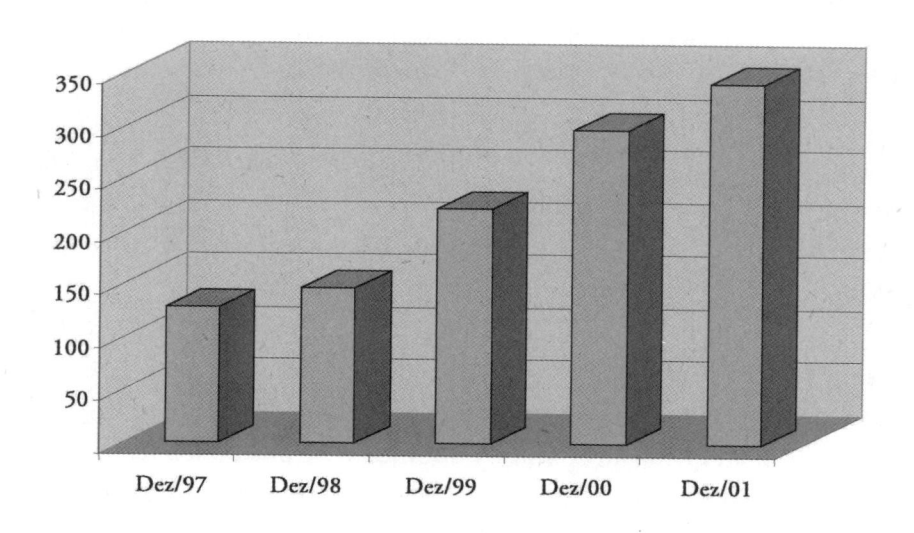

Dez/97	~135
Dez/98	~150
Dez/99	~225
Dez/00	~300
Dez/01	~350

Para chegar lá, no entanto, é preciso que ocorram mudanças de peso. O palestrante citou, entre essas alterações, a reforma da Previdência, com criação dos fundamentos para transformar o sistema de bases correntes em sistema de capitalização, as mudanças nas regulamentações fiscais, com destaque para a extinção da CPMF, e a nova lei das S.A.

Entre outros desafios, Giufrida lembrou que o mercado de fundos enfrentou fluxo negativo de liquidez em 2001 e que atualmente a indústria cresce apenas com o aumento vegetativo das aplicações financeiras. Recordou também que mais de cinqüenta administradores de recursos deixaram de existir nos últimos cinco anos, o que significa menor competição e diminuição de oportunidades de novos produtos.

Além disso, o palestrante alertou para a queda das taxas de administração dos gestores de recursos nesses mercados: "Enquanto nos Estados Unidos a taxa média praticada é de 2,4% para uma indústria que comporta recursos de US$ 20 trilhões, no Brasil está abaixo de 1% ao ano para um volume administrado na casa de US$ 150 bilhões". Em novos mandatos de gestão, relembrou, as taxas chegam a variar de 0,1% a 0,3% ao ano, na renda fixa e na variável.

Mesmo com as dificuldades, o potencial é grande, assegurou o palestrante. Em 2001, calcula, a parcela dos fundos de ações atingiram um de seus melhores patamares, embora metade do total represente investimento de fundações de previdência. Existe potencial para crescer, garantiu, e esse incremento permitirá a diferenciação de produtos e a criação de fundos que ofereçam maior retorno.

Marcelo Giufrida considera esse ponto importante, "porque vai significar o aumento do poder de barganha dos administradores quando eles defendem seus interesses como minoritários". Também será possível aumentar o prazo médio de investimentos e, com a permanência dos investidores por mais tempo nos fundos, pode-se reduzir os custos de processamento.

O vice-presidente da Anbid defende ainda o aumento da parcela de investimento em renda variável via auto-regulamentação e criação de novos produtos, com ênfase para fundos de direitos creditórios recebíveis. Ele propõe também a expansão da estrutura dos fundos de privatização com utilização do FGTS e maior velocidade na regulamentação dos fundos de *priva-*

te equity, que está em fase de projeto e análise pelo colegiado da CVM. "Esses fundos seriam uma espécie de berçário de empresas abertas", comentou.

A governança corporativa também deve ser enfatizada. A Anbid, recordou o palestrante, faz abertura de capital apenas para empresas que aderem às boas práticas de governança.

A simplificação da tributação é outro ponto defendido por Marcelo Giufrida para a recuperação do mercado. Segundo ele, a política tributária deve ser mais simples, com a criação de uma alíquota única para todos os fundos de investimento, facilitando cálculo e controle. Nessa área, ele quer também a incidência do tributo no resgate ou vencimento da aplicação e impostos conforme o prazo do investimento (IOF no curtíssimo prazo e IR com alíquota decrescente quando o prazo do investimento é maior).

CVM GARANTE APOIO TOTAL

Para a Comissão de Valores Mobiliários (CVM) não há dúvidas: é preciso apoiar a criação de produtos que ajudem a desenvolver o mercado de capitais. Wladimir Castelo Branco Castro, diretor da autarquia, garantiu em sua participação no painel como debatedor, que essa postura tem sido colocada em prática. Um exemplo: "Incentivamos a criação do Novo Mercado, com participação direta no processo desde seus estudos preliminares até a implantação do novo nível de negociação na Bovespa".

Outras ações da CVM foram lembradas pelo debatedor. Entre elas, os destaques foram o apoio à criação de fundos de privatização com recursos do FGTS, dos fundos de índices e do fundo de securitização de recebíveis.

O segmento de debêntures também tem merecido atenção da autarquia. Segundo Castro, a CVM está acelerando a padronização das regras para colocação desses papéis, para estimular as negociações no mercado secundário. Também os fundos de *private equity* são alvo de trabalhos cada vez mais intensos da comissão que regula o mercado, assegurou.

Em todo esse processo, o respeito ao mercado tem sido prioridade para a autarquia: "As regulamentações sempre têm contado com a participação do mercado, via audiências públicas".

Recordou que, na nova lei das S.A., a CVM envolveu-se principalmente na proposta de mudanças para proteção do acionista minoritário, recordou.

Educação para desenvolver o mercado é outra prioridade da CVM, relembrou Wladimir Castro. Por isso, a autarquia regulamentou a atividade de agente autônomo e trabalha na certificação dos analistas de mercado.

NOVIDADES ÀS PENCAS

Além da postura pró-ativa que leva a propor novidades, o mercado de capitais convive com mudanças que lhe são impostas, com destaque para a implantação do Sistema de Pagamentos Brasileiro. A lembrança foi feita por Ney Castro Alves, presidente da Adeval e debatedor do painel. "O SPB vai introduzir produtos e serviços no mercado de capitais", alertou.

As mudanças mais visíveis no dia-a-dia das empresas do setor serão a Transferência Eletrônica Disponível (TED), que trará as transferências de fundos em tempo real, e a Transferência Eletrônica Agendada (TEA). O debatedor lembrou também a criação de novos produtos bancários, como a gestão do fluxo de caixa com mais serviços e os pagamentos de varejo com mais facilidades de uso, por cartão de crédito ou de débito.

O SPB vai criar também as *clearings* privadas, recordou Castro Alves. Essas câmaras de compensação e liquidação vão minimizar o risco, aumentar a eficiência e diminuir os custos das transações, para dar mais segurança ao sistema. A princípio, serão três tipos de *clearings*: interbancária de pagamentos, da Febraban; de operações da câmbio da BM&F; e a de ativos, incluindo de derivativos financeiros e agrícolas (BM&F), a de títulos de renda fixa da Cetip-Andima, e a de títulos públicos e de renda variável, da CBLC-Bovespa.

"É muita mudança", garantiu o presidente da Adeval. Mas o mercado quer mais. Ele lembrou, como exemplo, que a BM&F vai lançar um índice futuro de ADRs de ações negociadas nas bolsas dos Estados Unidos, principalmente em Nova York. Além disso, a Bolsa de Mercadorias & Futuros passou a realizar leilões de *swap* cambial atrelados à compra de títulos públicos federais no Banco Central.

A Bovespa não fica atrás em relação às novidades, recordou Castro Alves. Planeja para este ano, segundo ele, o lançamento de novos índices, chamados de "líderes setoriais", que têm como referencial o desempenho de uma carteira de ações das empresas mais representativas de cada setor. Além disso, pretende lançar os fundos de índices, formados pelas mesmas ações do índice de referência. O presidente da Adeval antecipou também que a Bolsa de São Paulo vai criar um segmento específico para negociação de cotas de fundos imobiliários.

Haverá novidades também na Bolsa do Rio de Janeiro, informou o debatedor, para aumentar o volume de negócios com dólar, e no setor de crédito imobiliário, depois que a emenda constitucional que prorroga a CPMF incluiu isenção do tributo nas operações de securitização de créditos e recebíveis imobiliários.

O dinamismo do mercado permitiu ainda mais novidades. Ney Castro Alves citou, entre elas, os fundos de investimento em direitos creditórios e os fundos de índice, recentemente regulamentados pela CVM; os fundos de fundos, "que permitem ao investidor centralizar o controle já que eles passarão a ter a possibilidade de monitorar o desempenho com o acompanhamento de apenas uma cota"; e o lançamento de multi-índices (fundos de renda fixa), em fevereiro, que alocarão 100% dos recursos em títulos públicos.

A Andima também tomou a iniciativa de implementar a Timbre Administradora de Recebíveis, com a função específica de dar maior segurança e transparência às negociações de créditos.

Como se vê, o mercado não vai morrer por falta de novidades. Mas é preciso mesmo agir, porque a situação atual é preocupante, salientou o presidente da Adeval. Citando estudo inédito de Aldo Bertolucci, membro do Conselho da Bovespa, ele revelou que as despesas referentes a declarações de impostos e informações ao fisco (o "custo de conformidade") das companhias abertas tem peso de 0,32% sobre a receita bruta na média das empresas. Para piorar, o levantamento mostrou que a incidência sobe para 1,66% nas empresas menores, que têm faturamento anual de até R$ 100 milhões.

O Peso dos impostos

_0,32% sobre a receita bruta na média das empresas;
_1,66% nas empresas menores;
_a incidência sobre as Companhias Abertas menores chega a 5,82% do PIB.

Além disso, Castro Alves lembrou que há o peso do sistema jurídico. Ao lembrar estudo da consultoria La Porta, Lopez, Shleifer e Vichny, o palestrante recordou que a lei das S.A. é baseada no direito societário francês – por sua vez derivado do Direito Romano –, enquanto os Estados Unidos, Canadá e Austrália têm leis societárias baseadas na *Common Law* inglesa.

Estudo da consultoria La Porta, Lopez, Shleifer e Vishny mostra que o Brasil ocupa hoje as seguintes posições: 34º no *free float*/PIB, 45º nas companhias listadas/população, 20º no índice de direitos dos acionistas e 31º no índice de tradição no cumprimento das leis. Os estudos mostram, segundo o presidente da Adeval, que os países que adotam o direito inglês têm mercados acionários mais desenvolvidos.

"O Brasil ocupa o 16º lugar na capitalização de mercados, com US$ 1609 bilhões", exemplificou, "e a 19ª posição no *ranking* das empresas listadas, caindo para o 34º posto na relação *free float*/PIB e para o 45º, entre 50 países, na relação companhias listadas/população".

É mais um entrave para o mercado, ressaltou o debatedor, para quem "além do risco sistêmico e da volatilidade, o conjunto de leis que trata dos direitos dos acionistas minoritários é outro responsável pelo retrocesso do mercado acionário nos últimos anos".

Assim, há muito a fazer, e é preciso sempre apresentar novidades, concluiu Ney Castro Alves, na tentativa de atrair investidores mesmo em um cenário tão conturbado para o setor.

Para o mercado não ficar à deriva

Manoel Felix Cintra Neto, convidado especial do painel e presidente da BM&F, é incisivo: "Nem todos os participantes do mercado lembram, mas os derivativos têm importância crescente em várias bolsas do mundo e podem ter impulso importante também no Brasil".

Citando dados do BIS, ele recordou que os mercados de derivativos negociam recursos da ordem de US$ 100 trilhões em todo o planeta. O Brasil tem papel de destaque no setor: de acordo com o convidado, a BM&F está entre as dez maiores bolsas de futuros do mundo, com movimento de R$ 40 bilhões, sem contar o mercado de balcão, e R$ 52 bilhões depositados em garantias.

Entre as vantagens desse segmento, Manoel Felix destacou a redução da dívida pública: "Estimativas mostram que as operações de *swap* permitem redução de 1% a 2% no custo dessa dívida, o que representa a liberação de uma quantia entre R$ 2 bilhões e R$ 4 bilhões para captação pela iniciativa privada, para a consolidação de *benchmarks* e para o gerenciamento de carteiras e redução do risco".

Apesar desses números, o presidente da BM&F salientou que os derivativos não são a solução para todos os problemas do mercado de capitais. Importante, segundo ele, é a bolsa de futuros manter uma estratégia de lançar produtos que vão ao encontro das necessidades do mercado, como o mercado futuro de ADRs: "Precisamos de inovações que ajudem na retomada do mercado de capitais e ofereçam alternativas aos investidores".

Governança Corporativa

Abrindo o jogo

A governança corporativa não é um modismo. Tornou-se, em pouco tempo, uma prioridade para as empresas e é ferramenta fundamental para a recuperação do mercado de capitais, desde que seja utilizada por todos os segmentos do mercado, e levando em conta a realidade brasileira

com:

José Roberto Mendonça de Barros	MB Associados
Nelson Eizirik	Carvalhosa, Eizirik e Motta Veiga Advocacia
Eduardo Lundberg	Banco Central
Waldir Luiz Corrêa	Animec
Paulo Conte Vasconcelos	IBGC
Alfredo Egydio Setúbal	Itaú/Ibri
Pedro Espindola Moreira Filho	Presidente da Abamec RJ

Ajudando a mudar a economia

Não é só para o mercado de capitais que a governança corporativa tem importância. "Ela é a resposta a uma necessidade de organização de toda a economia", afirmou José Roberto Mendonça de Barros, sócio da MB Associados e coordenador do projeto criador do Novo Mercado da Bovespa, palestrante do painel "Governança Corporativa e Proteção ao Investidor".

Na avaliação dele, a governança é essencial para as empresas no momento de mudança que a economia brasileira está vivendo. "É preciso internar a revolução tecnológica dentro das companhias, o que só é possível se forem adotados princípios como esse, que favoreçam a abertura de informações e o dinamismo, principais fontes de atração de investidores", garantiu o palestrante.

Além disso, as empresas passam por um momento em que não existem mais recursos oficiais à disposição, como no passado. Mendonça de Barros lembrou também que as companhias não podem mais parar de investir, ficando apenas na defensiva contra choques heterodoxos, como aconteceu por vinte anos (nas décadas de 1980 e 1990): "A economia mundial não admite mais empresas que utilizem táticas defensivas. No Brasil, corporações tiveram que agir assim, cortando custos para competir, mas hoje sabem que não há como crescer dessa forma. Elas precisam de recursos, e a principal fonte é, sem dúvida, o mercado de capitais".

Nesse cenário, o palestrante acredita que as empresas brasileiras têm desafios importantes pela frente: precisam de atualização tecnológica, que exige base de capital já que não se pode sobreviver trabalhando apenas com recursos de terceiros; ao mesmo tempo, não há como trabalhar apenas tomando dinheiro dos bancos porque as taxas são altas, e não se pode ficar na dependência das operações de *hedge*.

"O investimento tem que passar pelo mercado de capitais", assegurou Mendonça de Barros. Ele lembrou que a poupança de longo prazo para as companhias é feita por investidores profissionais – que têm a obrigação de buscar a melhor aplicação possível, em empresas confiáveis. "Aí se impõe o *disclosure*", afirmou, "e a governança corporativa é parte fundamental da abertura de informações".

O sócio da MB Associados considera esse ponto tão importante quanto a reforma tributária e as mudanças na previdência: "A governança está presente muito além do mercado de ações. Está no valor intangível, e boa parte do capital das empresas está no intangível".

Claro que os fatores macroeconômicos também influem. Os juros são muito elevados mas não podem cair, segundo Mendonça de Barros, porque o alto patamar das taxas é necessário para atrair investimento externo. Cria-se uma situação desconfortável, em que "o juro não cai, não se retoma o crédito nem o investimento e o país fica sem crescimento sustentado", avalia.

O crescimento é dificultado também por limitações de infra-estrutura. Nesse ponto, o palestrante voltou a lembrar da importância do mercado de capitais: "A falta de infra-estrutura só se resolve com investimento privado que, por sua vez, só acontece quando há a regulação adequada e quando existe um mercado de capitais forte, fonte dos recursos necessários".

O Brasil precisa com urgência de mais investimentos, relembrou Mendonça de Barros, que garantiu: "Esse crescimento passa necessariamente pela adoção efetiva do conceito de governança corporativa nos vários setores da economia brasileira".

Para ele, se o saldo comercial aumentar e o déficit em conta corrente cair o país ficará em situação melhor. No entanto, essa situação não significa uma retomada dos investimentos: "É necessário que, ao mesmo tempo, se eleve a poupança doméstica, direcionando-a para investimentos. A reforma da Previdência é um caminho para que a poupança cresça".

O palestrante recordou que a economia brasileira está passando por uma transformação importante, com uma acentuada mudança no cenário: "Entre as décadas de 1950 e 1980, as estatais coletavam poupança e dirigiam os recursos para investimentos. Mas esse sistema morreu, com a inflação dominada, a economia aberta e a revolução tecnológica".

Por isso, ele considera fundamental que aumente a poupança, para que a demanda por investimentos seja atendida: "A reconstrução do financiamento é condição *sine qua non* para a retomada do crescimento. E as empresas só conseguirão recursos de grandes investidores, como as fundações, se adotarem a governança corporativa. Não há outra alternativa".

A prática mostra o caminho

Governança corporativa é patrimônio das empresas. Com toda essa importância, precisa ser tratada em sua exata dimensão, sem exageros que superdimensionem seu valor. Nelson Eizirik, sócio do escritório Carvalhosa, Eizirik e Motta Veiga Advogados, fez questão de abrir sua palestra com esse comentário que, segundo ele, não representa uma restrição ao conceito: "A governança tem importância fundamental, desde que não seja tratada de maneira equivocada".

Eizirik recordou que a governança corporativa tem grande importância nos Estados Unidos e em outros países desenvolvidos, em que existe um "mercado" para a disputa do controle acionário, pela pulverização de ações, e no qual se considera que as ofertas públicas para sua aquisição também constituem um sistema apto a assegurar a eficiência da gestão.

No Brasil, no entanto, lembrou o palestrante, com a concentração de controle, as ofertas públicas são conseqüência da aquisição de controle. Essas diferenças, salientou, precisam ser levadas em conta quando se fala em governança corporativa.

Apesar dessa ressalva, Nelson Eizirik elogiou as iniciativas tomadas nos últimos anos em direção ao fortalecimento da governança, com destaque para o Novo Mercado da Bovespa, "que significa uma revolução cultural, com o incentivo contratual para adoção das normas de transparência".

Ele ressaltou também o Código de Melhores Práticas de Governança Corporativa, do Instituto Brasileiro de Governança Corporativa (IBGC), e o incentivo do BNDESPar às companhias que adotem como norma a abertura de suas informações. E lembrou que o Conselho Monetário Nacional privilegiou a governança ao permitir que entidades fechadas de previdência pudessem investir um volume maior de seus recursos em ações de empresas que adotam a transparência.

A nova lei das S.A. foi outro ponto de destaque da palestra. Nelson Eizirik comentou que o texto dessa legislação "foi pessimamente redigido", mas garantiu que as novas normas têm méritos, como início do processo indutor de mudanças: "Criou-se o juízo arbitral, por exemplo, que pode dar solução mais rápida e técnica às questões societárias. Também houve avanços na distribuição de dividendos e nas ofertas públicas, com maior apoio aos minoritários".

Outros destaques da nova lei, segundo o palestrante, foram em relação ao *disclosure*, e na repressão ao *inside trading*, que passou a ser considerado crime, e não mais sujeito apenas a uma punição civil e administrativa. Além disso, a repressão à informação privilegiada pode, com a nova legislação, se estender a auditores e analistas e não somente ao administrador.

O novo tratamento ao Conselho Fiscal também foi lembrado como ponto positivo dessa nova legislação. Nelson Eizirik disse que se aumentaram as atribuições individuais dos membros desses conselhos, permitindo que eles defendam o interesse da companhia e não do controlador.

Com os prós e os contras, o palestrante defendeu a manutenção do texto da nova lei: "É equivocado pensar que, mudando as regras societárias, muda-se o mercado de capital. É preciso dar tempo ao tempo para que aconteça a estabilização e sedimentação das novas regras".

Essa postura deve valer até para pontos da lei que merecem críticas. Nelson Eizirik recordou que, na discussão da nova lei, um dos pontos mais polêmicos foi o direito de os minoritários (com ações ordinárias e preferenciais) escolherem um membro do Conselho de Administração: "A solução a que se chegou foi absurda – resolveu-se que até 2005 esse representante seria escolhido a partir de uma lista de três nomes apresentada pelo controlador. É uma regra esdrúxula, mas a sociedade civil deve tomar iniciativas melhores nesse ponto. As próprias empresas avançarão para que os minoritários escolham livremente a pessoa que julgarem mais indicada".

Essa postura pró-ativa das companhias, relembrou o palestrante, tem permitido a disseminação de conceitos como a governança corporativa, de acordo com a realidade econômica brasileira: "É assim que se deve caminhar, com a adoção de princípios sadios e compatíveis com nosso sistema, em benefício das empresas, do mercado e do desenvolvimento econômico".

Minoritários, sim. Mas não exclusivamente

Os acionistas minoritários estão entre os beneficiados pela adoção da governança corporativa. Mas não são os únicos. "Criou-se a percepção de que a governança é apenas proteção ao minoritário, mas ela é muito mais do que isso. Trata-se de criar valor para todos os acionistas", alertou Paulo Conte Vasconcellos, diretor do Instituto Brasileiro de Governança Corporativa, debatedor do painel.

O conceito traz outras vantagens, recordou, porque reduz o custo de capital e atrai novos investidores. E é aplicável a todos os tipos de companhia: "Na empresa familiar, ajuda a resolver os conflitos, possibilitando que se crie um Conselho de Família. Nas estatais, evita a descontinuidade com as mudanças de governo. E, nas companhias abertas de fato, é útil, por exemplo, quando o Conselho de Administração define estratégias e o sistema de prestação de contas".

Para que a governança ganhe ainda mais força, recomendou Vasconcellos, é necessário que os analistas incorporem o conceito no processo de decisão de investimento. "Quando se encontra absurdos, como a lista tríplice definida pelo controlador para escolha do membro do Conselho de Administração pelos minoritários, temos um ponto importante desfavorável à governança. E isso deve ser levado em conta na recomendação da compra das ações dessa empresa".

Reforçando a tese de Nelson Eizirik, palestrante que o antecedeu, o diretor do IBGC comentou que já existem empresas com políticas mais abertas, dando aos minoritários o direito de escolher seu representante no Conselho de Administração: "Marcopolo e Randon estão entre as companhias que adotaram essa postura".

Quanto à lei das S.A., o diretor do IBGC lembrou que as novas regras devem ser mantidas, mesmo com suas imperfeições. E recordou que a *Security Law* dos Estados Unidos, semelhante à essa nova lei, foi definida dentro de um princípio: "A legislação norte-americana foi colocada em prática não para evitar que o acionista fizesse uma tolice, mas para não permitir que os outros o façam de tolo".

A mudança cultural é outro ponto fundamental para o fortalecimento da governança corporativa no Brasil. O processo pode ser lento, mas também foi assim em outros países, segundo Paulo Vasconcellos. Ele citou o caso da Alemanha, que, antes de ter a postura atual de proteção ao acionista, contava com muitas companhias que tratavam mal o investidor: "Um empresário alemão chegou a dizer, no final do século XIX, que os acionistas da companhia eram tolos e arrogantes – tolos porque davam dinheiro para os controladores e arrogantes porque depois queriam receber dividendos".

De braços dados com a democracia

Democracia e governança corporativa caminham juntos, e são importantes na modernização da economia brasileira – um processo que inclui necessariamente o fortalecimento do mercado de capitais. A análise é de Eduardo Luís Lundberg, consultor do Departamento de Estudos e Pesquisas do Banco Central, que foi debatedor do painel de governança.

Na opinião dele, quando uma empresa cresce e se moderniza, passa a ter maior responsabiidade na qualidade das informações que fornece: "Conforme evolui, a companhia passa a ter mais visibilidade. Seus acionistas, principalmente minoritários, precisam ter seus direitos reconhecidos porque, de alguma forma, participam dos rumos do empreendimento".

A governança ganha força nesse estágio, com sua amplitude, garante Lundberg: "Não se trata apenas de proteger o minoritário, mas todos os acionistas. E também não se refere exclusivamente a empresas privadas, porque seus conceitos devem ser aplicados também no setor público".

A abrangência da governança é tão grande que vale também quando a empresa não está em plena atividade, salientou Eduardo Lundberg: "Na nova lei de falências e concordatas, deve-se introduzir também esse conceito, com a valorização dos direitos dos credores e dos investidores para companhias em dificuldades".

Ele considera que na atual legislação o credor é colocado em segundo plano nessas situações: "Não se pode manter a decisão sobre a falência e a concordata apenas nas mãos do juiz e do dono da empresa. É preciso reforçar o entendimento com os credores para que o futuro da empresa seja decidido de comum acordo".

Lundberg vê na atual legislação de falência um exemplo da cultura empresarial brasileira que privilegia o dono. Um conceito que, na opinião dele, precisa mudar: "O foco precisa ser deslocado. As empresas têm que respeitar o investidor. A governança é de grande importância para essa mudança, tão necessária para que o país se desenvolva".

O VERDADEIRO VALOR DO ACIONISTA

Waldir Luiz Corrêa, presidente da Associação Nacional de Investidores do Mercado de Capitais (Animec), vislumbra uma mudança importante com a crescente adoção da governança corporativa. Para ele, que participou do painel como debatedor, o tema está, pela primeira vez nos últimos anos, dando ao acionista "seu verdadeiro valor".

A valorização da governança é muito importante, na avaliação de Corrêa, e ganhará ainda mais relevância se tiver uma abordagem prática: "Se ouvirmos falar em governança corporativa apenas do ponto de vista teórico, estaremos desperdiçando uma preciosa oportunidade. Não se pode dissociar a teoria da prática, até porque o mercado de capitais só vai crescer quando, entre outros pontos, se colocar o acionista em seu merecido lugar de destaque".

O presidente da Animec criticou a "lista tríplice" estabelecida pela lei das S.A., que condiciona a escolha de um representante dos minoritários no Conselho de Administração a uma relação de três nomes apresentada pelo controlador: "Essa determinação é uma piada e passa longe das boas práticas de governança".

Ele defendeu a liberdade para a escolha de representantes de fora da companhia para o Conselho de Administração. Pediu, também, que se dê preferência à indicação de pessoas que conheçam o mercado, suas características e sua regulação, como a lei das S.A.: "Não se pode convidar exclusivamente ex-ministros e ex-diretores do Banco Central".

Mesmo com as limitações, Waldir Corrêa reconhece que já há empresas dispostas a adotar na prática os conceitos de governança corporativa. Como exemplo, citou o caso da Telemar-Telerj que, segundo ele, concordou em pagar um "prêmio de sinergia" a 4 milhões de acionistas (preferencialistas e ordinários).

"Ainda há muito a fazer, mas estamos caminhando", comentou o presidente da Animec, para quem a governança corporativa veio para ficar:

"Embora em alguns pontos ainda deixe a desejar, a adoção do conceito está ganhando força e todos ganham com isso – principalmente os acionistas".

Conceito deve valer para todos. Mesmo

Quem fala em governança corporativa não pode esquecer que esse conceito deve ser aplicado no mercado de capitais para todos os seus segmentos, que incluem empresas privadas, estatais, especialistas, analistas e corretoras. A lembrança foi feita pelo convidado especial do painel, Alfredo Egydio Setúbal, diretor do Banco Itaú e do Instituto Brasileiro de Relações com Investidores (Ibri).

"É preciso ter ações como moeda forte e isso só é possível com o fortalecimento da governança e sua ampla aplicação", afirmou Setúbal, para quem está comprovado que o conceito já mostrou ser muito mais que um modismo. A governança se fortaleceu e está mostrando sua amplitude, garantiu: "É equivocado, por exemplo, pensar que ela só vale para os acionistas minoritários".

Na opinião do diretor do Itaú, as empresas estatais deram um mau exemplo de governança no processo de privatização, "em que o governo ganhou prêmio alto de controle". Por sua vez, as empresas privadas não só aderiram ao conceito, como devem fazê-lo em número crescente: "Será uma necessidade. Não há mais espaço para uma postura passiva, as empresas vão partir para a auto-regulação quando for necessário".

Alfredo Setúbal conclamou os analistas a darem crescente valor à governança, evitando recomendações de compra de ações de empresas sem compromisso com o *disclosure* de suas informações.

Para ele, governança deve ser um compromisso de toda a empresa "e não isoladamente de um gerente ou da área de relações com investidores". Mais que isso, deve ser um assunto não apenas das companhias, mas de todo o mercado, que só tem a ganhar com a adoção das regras de transparência.

Setúbal recordou que o Itaú tem trabalhado nesse sentido. Em primeiro lugar, abriu espontaneamente seu Conselho Fiscal para pessoas de fora da empresa. Em 2001, foi a vez do Conselho de Administração.

"Ainda há muito a fazer em relação à governança corporativa no país, mas já vemos iniciativas positivas", afirmou o convidado. Por isso, ele considera que a governança vai continuar crescendo, sendo adotada por um número cada vez maior de segmentos do mercado de capitais.

TÍTULOS DE RENDA FIXA

Mercado secundário, uma necessidade primária

O mercado secundário de títulos de renda fixa precisa ganhar força para se transformar em ponto de apoio para a retomada do mercado de capitais. O painel que debateu o assunto deixou clara essa necessidade e mostrou que, em outros países, esse segmento sempre foi uma base importante para o crescimento do setor financeiro

com:

GILBERTO MIFANO	Bolsa de Valores de São Paulo
EDGAR DA SILVA RAMOS	Andima
SERGIO DARCY	Banco Central
ÊNIO RODRIGUES	Ibmec
SERGIO LUIZ BERARDI	Bolsa de Valores do Rio de Janeiro
ALEXANDRE GUIMARÃES	Presidente da Abamec DF

A HISTÓRIA MOSTRA O CAMINHO

Não basta constatar que o mercado secundário de títulos de renda fixa é uma necessidade. É preciso relembrar a evolução do mercado financeiro nos últimos anos e, com base nela, propor medidas que fortaleçam esse segmento, que tem grande importância para o desenvovimento do mercado de capitais. A análise é de Edgar da Silva Ramos, presidente da Andima, que participou como palestrante do painel.

O perfil dos negócios realizados no mercado financeiro, lembrou, teve alterações significativas nas últimas décadas. De um lado, houve crescimento expressivo do mercado de derivativos e, de outro, uma acentuada redução do mercado de títulos de renda fixa, especialmente da parcela emitida por agentes privados. Essa situação, segundo ele, é um dos principais fatores que explicam o crônico déficit das contas públicas – que, por sua vez, tornou o governo brasileiro um grande captador de recursos da poupança financeira, desde a introdução do *open market*, no início dos anos de 1970, até hoje.

O presidente da Andima recordou que, amparados por altas taxas de juros, os títulos públicos passaram a oferecer retorno elevado e risco baixo, tornando as ofertas de títulos de dívida privados menos competitivas. Esse quadro resultou na concentração do estoque de papéis públicos registrados no Selic, que hoje alcança aproximadamente R$ 635 bilhões, o equivalente a 51% do PIB, enquanto o estoque de títulos privados na Cetip atinge cerca de R$ 116 bilhões, ou apenas 9% do PIB.

Outro ponto salientado por Edgar Ramos foi que, excluindo as ações, o estoque privado é composto em sua grande maioria por papéis de emissão de instituições financeiras. Os títulos com maior representatividade são os CDBs, que no início do Plano Real, em 1994, chegaram a representar 82% do total em mercado, ou quase 18% do PIB. Em 2001, esses títulos equivaliam a 55% do total, ou 5% do PIB – uma queda significativa, mas ainda assim um montante expressivo. Motivo da redução, de acordo com o palestrante: o crescimento da indústria de fundos de investimento nos últimos sete anos.

Por que os fundos cresceram tanto? Para o presidente da Andima, o salto aconteceu pela combinação de rentabilidade, liquidez e vantagem tributária.

Entre 1994 e 2001, o patrimônio líquido dos fundos cresceu mais de 250% em termos reais, passando de R$ 47 bilhões (13% do PIB) para R$ 333 bilhões de reais (27% do PIB). Desse total, cerca de 95% referem-se a fundos de investimentos, cujas carteiras são compostas em cerca de 70% por títulos públicos federais.

Segundo o palestrante, o segundo ativo de maior peso no total do estoque de títulos privados são as debêntures, cuja participação subiu de 13% em 1994 para 33% em 2001, embora a relação com o PIB tenha permanecido em 3%. O total do volume negociado atingiu R$ 17,3 bilhões em 2001, resultado de uma média diária de cerca de R$ 70 milhões, o que representa menos de 0,5% do PIB – mas bem abaixo da média de R$ 250 milhões de 1996 (v. gráfico abaixo). Esse dado, somado à baixa relação entre giro e estoque (de 0,22%), leva a uma constatação importante, na opinião do presidente da Andima: "Existe um grande potencial de crescimento do mercado secundário de debêntures".

VOLUME MÉDIO DIÁRIO NEGOCIADO NO MERCADO SECUNDÁRIO DE DEBÊNTURES

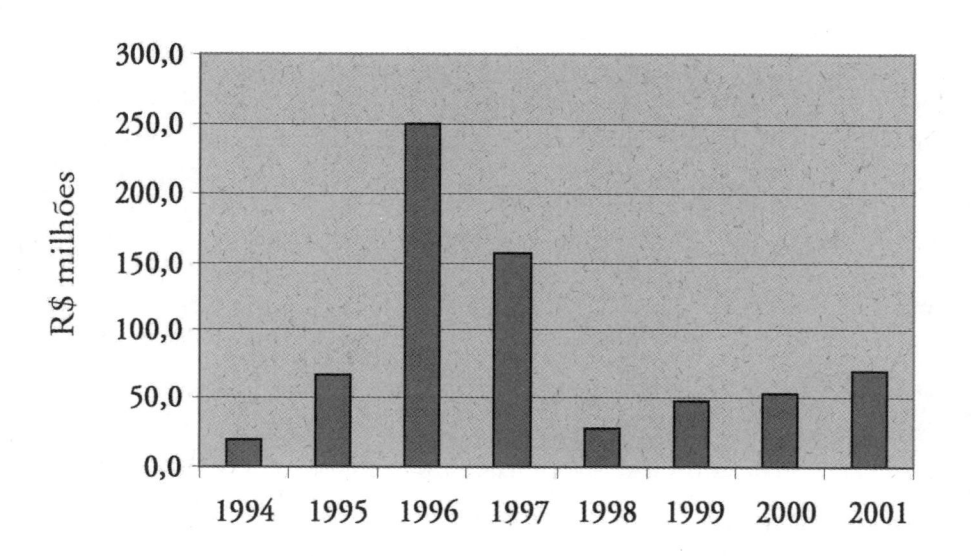

Na tentativa de aproveitar esse potencial, Andima e Cetip arregaçaram as mangas e trabalharam em propostas para desenvolver o segmento de títulos privados de renda fixa, disse o palestrante: "Desenvolvemos sistemas eletrônicos de registro e custódia específicos para cada ativo (CDB, letras hipotecárias, notas promissórias e CDBs".

As duas entidades criaram também o Sistema Nacional de Debêntures (SND), que teve volume total de R$ 64 bilhões – R$ 6,4 bilhões em 2001, recorde no período depois do Plano Real. Na avaliação de Edgar Ramos, são números expressivos que, no entanto, quando comparados com estatísticas internacionais, "mostram que o mercado brasileiro está muito abaixo de seu potencial".

O palestrante relembrou também que persistem os fatores que limitam o mercado, como as dificuldades para aplicação dos mecanismos legais capazes de assegurar as operações e os elevados custos fixos das estruturas operacionais. O destaque negativo, no entanto, segundo ele, é a carga tributária: "A CPMF incide em cascata sobre o giro dos recebíveis. Desde 1994, a cobrança da CPMF soma-se ao Imposto de Renda e, em alguns casos, ao IOF, aumentando a já pesada carga que incide sobre as aplicações financeiras, com efeitos para todo o mercado".

Além disso, o presidente da Andima garante que a CPMF favoreceu estratégias de administração de recursos que não contribuem para o giro de estoques e inibem o mercado secundário de títulos públicos e privados. Provocou ainda um esvaziamento considerável dos investimentos estrangeiros em bolsa, "afetando o crescimento de uma fonte potencial relevante de financiamento para as empresas, o que significa penalizar diretamente a atividade produtiva".

Como sair dessa enrascada? O palestrante defende a adoção de uma postura pró-ativa, com a apresentação de sugestões para mudar esse quadro desanimador. No caso da CPMF, a Andima trabalha no Congresso Nacional, na Secretaria da Receita Federal e no Banco Central a favor da criação de contas correntes de investimento isentas do tributo, especificamente para fins de movimentação de ativos e passivos financeiros de um mesmo titular – mantendo a incidência da contribuição na primeira transferência de recursos da conta corrente para a realização da operação financeira.

Outra frente de atuação da Andima nos últimos anos, de acordo com ele, é o mercado de debêntures. Em dezembro de 1999, o Conselho Monetário Nacional editou resolução permitindo a utilização do ativo como lastro em operações compromissadas. O normativo, garantiu o palestrante, produziu efeitos imediatos no mercado secundário: "O volume negociado saltou de R$ 48 milhões em 1999 para cerca de R$ 70 milhões em 2001".

Com resultados como esse, Andima e Cetip se animaram a propor novos estímulos ao mercado. Além da padronização das operações, foram racionalizados os custos de manutenção e administração do SND, recordou Edgar Ramos: "De 1998 a março de 2001, a redução média nos preços dos serviços chegou a 32%, beneficiando os emissores".

Em 2002 há mais notícias alentadoras. Um dos destaques é o projeto da CVM para criação de uma debênture padronizada. A proposta está em fase de estudo, com discussão das características do título, como valor nominal, remuneração e prazo para repactuação. O presidente da Andima está animado com esse projeto: "A criação desse papel deve fomentar o mercado secundário, além de tornar o ativo mais acessível a um maior número de investidores".

O Banco Central, por sua vez, mantém a prioridade para o mercado secundário de títulos públicos federais. Depois de ter apresentado com o Tesouro, em 1999, um conjunto de 21 medidas de estímulo ao segmento, o Banco Central está preparando um diagnóstico e um conjunto de propostas com o objetivo de aumentar a liquidez, ampliando a participação dos intermediários e a função de *market maker*.

Edgar Ramos lembrou que iniciativas como essa têm uma amplitude maior do que se imagina a princípio: "É importante destacar que não existe um mercado secundário ativo de títulos privados se não houver um mercado secundário ativo de títulos públicos". Afirmou também que estimular o mercado secundário de títulos públicos federais não significa aumentar o endividamento público: "Na verdade, trata-se de criar condições para a melhoria do perfil da dívida, incluindo o alongamento de prazos".

A expectativa do presidente da Andima é que essas iniciativas, somadas à redução da taxa de juros e à reforma tributária, abrirão espaço para o crescimento do mercado de capitais. E o alcance é ainda maior, com a extensão dos benefícios a outros setores da economia: "Haverá ampliação da participação dos títulos privados na composição da poupança doméstica, com ganhos significativos para o setor real da economia".

UM IMPULSO PARA EMPRESAS E INVESTIDORES

Ter um mercado sólido de dívidas privadas é muito mais do que um pressuposto para o fortalecimento do sistema financeiro. O segmento é importante também para as empresas e investidores, garantiu Gilberto Mifano, superintendente geral da Bovespa, em sua palestra no painel.

Para as empresas, afirmou Mifano, esse mercado é fundamental porque reduz a dependência do crédito bancário, permite o alongamento de prazos, oferece volumes maiores e prazos mais longos que os bancos e funciona como uma estratégia de *funding* para empresas que não querem emitir ações. Como se não bastasse, o segmento é positivo também para o investidor, já que oferece uma alternativa para diversificar aplicações, tem maior rentabilidade que a dos títulos públicos (embora com maior risco) e maior liquidez.

Para que o mercado de dívidas privadas cumpra esse papel, no entanto, é necessário que haja um cenário favorável à sua evolução. Esse cenário, de acordo com o palestrante, inclui principalmente estabilidade e crescimento econômico. Prevê, também, a existência de investidores institucionais com necessidades distintas de fluxo de caixa, o que permitirá que novos produtos sejam desenvolvidos.

O superintendente da Bovespa entende que os mercados de títulos públicos e privados se complementam: "É fundamental que o mercado de títulos públicos tenha liquidez para que as emissões corporativas possam se aproveitar da escala do mercado como um todo. Além disso, relembrou, o mercado de dívida privada só vai funcionar adequadamente se existirem sistemas de negociação, custódia e liquidação bem estruturados, sem os quais o investidor não pode negociar seus ativos e exercer seus direitos.

O panorama não é muito favorável para o mercado no Brasil. Gilberto Mifano lembrou que houve significativo enxugamento do mercado de títulos públicos de renda fixa entre 1994 e 2000: "A relação giro/dívida caiu no período de 149% para 28,3%". As causas dessa queda, enumerou, foram a instabilidade, que levou as instituições a uma maior seletividade na escolha de "parceiros" de negociação; a concentração do estoque na carteira dos FIFs; a definição do perfil da dívida em títulos cambiais e em papéis pós-fixados e o excesso de ofertas primárias.

Mesmo com essas ressalvas, entretanto, ele assegurou que esse mercado de títulos públicos ainda mantém a liquidez.

No mercado de títulos privados, o palestrante identificou pontos positivos, a começar pela liquidez e *benchmark* do segmento de papéis públicos. Há, também, investidores institucionais de porte, a presença de instituições financeiras atuantes como *underwriters, traders* e analistas e uma infra-estrutura de liquidação, custódia e negociação. E existem reguladores interessados no desenvolvimento do mercado.

Nem tudo são rosas, entretanto. A dificultar seu crescimento, o mercado de títulos privados tem, segundo o superintendente geral da Bovespa, a instabilidade econômica, que não permite um número constante de empresas emitindo papéis com freqüência, o baixo nível de crescimento econômico nos anos de 1980 e 1990 e a concentração dos investidores institucionais em títulos públicos, que oferecem alta rentabilidade e liquidez, também não permitem o aprofundamento do mercado de títulos privados no Brasil.

Existe ainda a questão da falta de escala. Embora não se possa atribuir o alto custo das emissões no Brasil somente a esse problema, a ausência de escala não pode ser ignorada, disse Mifano: "Sem um número constante de emissões, o custo da manutenção de áreas de *underwriting*, análise, *trading* e *back office* acaba recaindo em um número pequeno, afastando empresas de médio porte do mercado".

Há muito a fazer, portanto, para aumentar a liquidez do mercado de títulos da dívida. As iniciativas devem ser constantemente apresentadas, com uma ressalva, segundo o palestrante: "Com as taxas de juros nos atuais patamares, nada que se proponha terá muitos resultados".

Essa constatação não deve significar inação. Por isso, Gilberto Mifano acredita que as propostas em favor da liquidez precisam ser incentivadas. Ele propõe, por exemplo, a simplificação das emissões através da padronização e da redução dos custos de registro, para facilitar a captação do crédito quando as condições macroeconômicas forem favoráveis: "É uma forma de atrair as 'emissoras ocasionais'", afirmou. Defende também a redução do custo das emissões, de acordo o quadro abaixo.

Custos Envolvidos em Emissão de Debêntures

- Anúncio de Início e de Encerramento: +/- R$ 140 mil
- Registro CVM: 0,3% sobre total de cada série, limitado a 100 mil Ufir's (R$ 82,8 mil por série)
- Assessoria Jurídica, *Due Diligence* e Confecção de Prospecto: +/- R$ 45 mil
- Agente Fiduciário: R$ 10 mil (anual)
- Serviços de Banco Mandatário e Agente Escriturador: +/- R$ 2,0 mil (mensal)
- *Road show:* +/- R$ 15 mil (2 eventos)
- Impressão de Prospectos (Preliminar e Definitivo): +/- R$ 20 mil
- Contratação de Agência de *Rating*: +/- R$ 120 mil (2 agências)

Fonte: Bradesco

Ele relembrou também que a Bolsa de São Paulo criou o Bovespa Fix, um mercado de renda fixa que não concorre com o de ações e que foi lançado após estudo das tendências mundiais e das condições brasileiras. De acordo com o palestrante, o Bovespa Fix prevê custos de registro mais baratos para as empresas, propostas de simplificação das debêntures e da introdução de registro *fast-track*, e mercado primário simplificado e barato.

A proposta, frisou Gilberto Mifano, é que esse segmento reforce a transparência e equalize o nível das informações, criando um ambiente eletrônico de negociação para a formação de preços através de um sistema dirigido por ordens. A liquidação é garantida com menores custos e vantagens para as empresas. Existe ainda a possibilidade de negociação através de *market makers*, sem contar a possibilidade de marcação a mercado.

Outra novidade do Bovespa Fix lembrada por ele vai entrar em vigor com o início do novo Sistema de Pagamento Brasileiro: trata-se do *e-bookbuilding*, para a realização de colocações primárias via internet. O fácil acesso a esse novo instrumento de negociação deverá ampliar o número de investidores no mercado. Também se poderá contar com maior segurança e automatização, além da parametrização realizada pelos *underwriters*. Com uma vantagem nada desprezível: o custo é zero.

Em suma, propostas para o desenvolvimento do mercado de títulos da dívida não faltam. O palestrante considera importante que se continue a apresentar sugestões, aproveitando a boa vontade demonstrada por instituições oficiais em relação a esse assunto.

UM DOS XODÓS DO GOVERNO

O mercado secundário de títulos públicos não só foi como continua a ser foco de constante atenção do governo, que aposta nesse segmento como um dos pontos de apoio para a melhoria do setor financeiro. Esse foi o tom da palestra de Sérgio Darcy, diretor do Banco Central, que lembrou: o Banco Central e o Tesouro apresentaram um pacote de 21 medidas para o setor em 1999 e, satisfeitos com os resultados, estão propondo mais novidades.

Em sua palestra, ele lembrou que as duas instituições produziram, em 1999, um diagnóstico conjunto sobre o mercado de títulos públicos e apresentaram diretrizes no sentido de estimular a negociação. O estudo mostrou que havia excesso de ofertas de títulos públicos e de vencimentos, baixa liquidez no mercado secundário e reduzida capilaridade do sistema.

Com base no diagnóstico, as duas instituições definiram as diretrizes do trabalho: alongar e alterar o perfil da dívida, retomar o dinamismo do mercado secundário e reduzir o custo da dívida.

A tarefa era ampla e foi difícil definir os principais passos. Sérgio Darcy lembrou, no entanto, que as principais medidas foram anunciadas depois de um cuidadoso trabalho de análise do setor. Para o mercado primário, as prioridades foram reduzir o número de vencimentos dos títulos públicos em circulação, concentrar os vencimentos dos títulos com rentabilidade prefixada e diminuir a freqüência de ofertas públicas. Os resultados, garantiu, apareceram ao longo do tempo (v. tabelas seguintes).

Mercado Primário

Número de Vencimentos de Títulos Públicos Federais

	Competitivos	LTN
30/06/1999	333	18
31/03/2002	180	9

Concentração de Vencimentos de Títulos Públicos Federais

	Volume Médio LTN/Vencimento
Em 1999	1,5
Atualmente	8,0 a 10,0

Outra medida adotada foram as ofertas públicas de títulos de prazo longo, com rentabilidade prefixada, após recebimento de pleito das instituições financeiras passaria a contar com proposta firme de compra. Além disso, o Tesouro passou a realizar leilões regulares e predefinidos de recompra de títulos públicos.

O diretor do Banco Central recordou que o mercado secundário não foi esquecido no pacote do banco e do Tesouro. Para esse segmento, seriam realizadas compra e venda final de títulos curtos em complemento aos *"go-around"* de reservas bancárias realizados pelo Banco Central e permitidas a negociação em separado do principal e dos cupons (*"strips"*) dos títulos cambiais com prazo inferior a cinco anos. Haveria também facilidades para as instituições financeiras assumirem posições vendidas (*short*).

Ainda no mercado secundário, o pacote propôs que seriam desenvolvidos sistemas para registro no Selic das operações a termo com títulos federais, haveria a flexibilização do limite de alavancagem nas operações com títulos públicos federais e alteração do processo de seleção dos *dealers* do Banco Central, com objetivo de estimular a capacidade de *market making*. A essas propostas somaram-se medidas para aumentar a transparência.

Mercado Secundário

Recuperação – ainda que modesta – de liquidez no mercado secundário de títulos públicos federais

Volume de Negociação de Títulos no Mercado Secundário

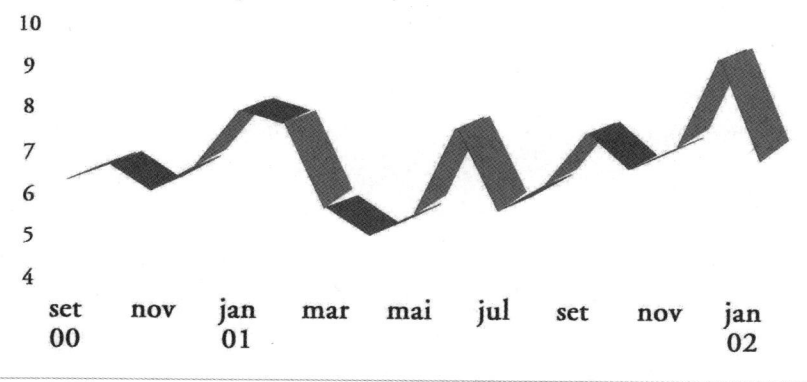

Média, no mês, do volume financeiro diário das operações definitivas.

Sérgio Darcy acredita que, em parte, o pacote funcionou. Entre os resultados, ele destaca o alongamento da dívida, o aumento da liquidez, ainda que reduzido (v. gráfico acima), mais transparência e o aperfeiçoamento da estrutura do mercado.

Mas ainda há muito a fazer, reconheceu o palestrante. Por isso, relembrou, o Banco Central e o Tesouro têm tomado outras iniciativas para fortalecer o mercado, como o aperfeiçoamento da apuração dos preços de lastro (PU 550) pelo Banco Central, a fungibilidade dos títulos públicos e a padronização das taxas de juros.

E há novos projetos, afirmou o diretor do Banco Central. Entre as propostas está a possibilidade de tomada de empréstimos de títulos (*securities lending*, inicialmente a vigorar a partir de abril de 2001). Foi também firmado um convênio entre o Banco Central e o Banco Mundial para viabilizar um estudo para o desenvolvimento do mercado secundário. Além disso, existem planos de estimular a atividade do *market making* e de ampliar a demanda potencial via Tesouro Direto, no mercado de varejo.

Examinando o mercado com uma lupa

Não há dúvida de que é preciso incentivar o mercado secundário de títulos, mas esse fortalecimento só virá se houver uma análise cuidadosa das características desse segmento – que deve privilegiar a visão do mercado em si, e não de sua parte regulatória. A avaliação foi feita pelo debatedor Ênio Rodrigues, vice-presidente do Ibmec, que no painel ressaltou: "Os mercados não nascem porque existe uma regulamentação ou porque há um bom sistema de negociação. Eles surgem espontaneamente, de uma necessidade de negociação secundária, da pulverização de títulos, para diminuir seu risco".

No momento, existem dificuldades para que esses mercados surjam. Na avaliação do debatedor, o mercado secundário de títulos de renda fixa, por exemplo, tem obstáculos para deslanchar porque esses papéis praticamente não circulam: "Resta apenas uma parcela pequena, residual, quase inexpressiva".

Essa situação acontece, segundo Ênio Rodrigues, porque há enorme concentração dos títulos nas instituições financeiras, em seus fundos de investimentos e em suas tesourarias – em suma, nos grandes investidores do mercado. Com a concentração, garantiu, impede-se a negociação secundária entre outros segmentos de investidores.

Outro obstáculo lembrado pelo vice-presidente do Ibmec é a concentração das emissões nas grandes empresas: "Pequenas e médias companhias não emitem debêntures", recordou, pelo custo, pela falta de transparência e por várias outras dificuldades. O fato é que, segundo ele, as empresas de menor porte não têm a quem recorrer quando precisam de capital de giro ou para investimento. "Os empréstimos bancários não servem para essa finalidade. Ou elas têm capital próprio ou deixam de investir".

A solução proposta pelo debatedor é a implantação de um mecanismo que registre a emissão de pequenas e médias empresas de maneira simplificada, eliminando a burocracia. Com esse sistema também seriam beneficiados, na opinião de Ênio Rodrigues, carteiras individuais, clubes de investimentos e outros segmentos de investidores.

O debatedor recordou ainda que o mercado pulverizado representaria uma oportunidade para corretores e distribuidoras, "que atualmente não podem tomar essa iniciativa porque os títulos não vêm a mercado". Com isso, avaliou, o intermediário fica sem opção, restrito ao produto-ação.

Vantagens e mais vantagens

Não é à toa que se fala em valorizar o mercado secundário de títulos públicos. "Esse segmento contribui para a maior transparência, maior pulverização, alongamento de prazos, concentração em vencimentos mais longos e crescente liquidez", enumerou Sérgio Luiz Berardi, presidente da Bolsa de Valores do Rio de Janeiro e convidado especial do painel.

O mercado representa também, afirmou, ganhos para a política macroeconômica, facilitando a gestão da política monetária e reduzindo a exposição do Tesouro a riscos de estresse da taxa de juros e câmbio, além de reduzir o custo da dívida a médio e longo prazos.

Também há ganhos na microeconomia, garantiu o convidado: "O mercado de títulos públicos estabelece a estrutura a termo da taxa de juros, uma vez que a curva de juros dos títulos públicos é a base dos mercados dos demais ativos financeiros. Os juros dos papéis públicos são o *benchmark* para precificação de ativos financeiros e mercado no qual os riscos podem ser hedgeados ou administrados".

Ainda como conseqüência do aperfeiçoamento do mercado de títulos públicos, Sérgio Berardi citou o estímulo à criação de um sistema multiestruturado de oferta de crédito para o setor produtivo, em que o mercado de capitais complementa o financiamento bancário.

Como pressuposto para o desenvolvimento do mercado, o presidente da Bolsa do Rio citou a necessidade de participação ativa de intermediários, dos provedores de liquidez (*market makers*), dos investidores provedores de infra-estrutura de negociação. Destacou ainda a importância da liquidação e da garantia, com uma supervisão sistêmica de todos os mercados, favorecendo uma melhor avaliação do risco do país.

Segundo ele, é fundamental também a manutenção de regras adequadas, que aumentem a integridade do mercado e atraiam o interesse dos investidores.

Além disso, o convidado especial lembrou que a auto-regulação eficiente diminui a necessidade de intervenção governamental e aumenta a eficiência do mercado. Com essas condições, acredita, haverá a possibilidade de finalmente desenvolver esse segmento, que é fundamental para que o mercado de capitais se desenvolva e cumpra seu papel de ajudar o país a crescer.

REFORMA TRIBUTÁRIA

Sem sair do lugar

A reforma tributária ainda não saiu do papel, apesar de todo o debate em torno do assunto. Esse adiamento é desastroso para a economia brasileira em geral, e para o mercado de capitais em particular, na opinião dos participantes do painel que debateram o tema

com:

Maria Helena Zockun	Fipe
Mailson da Nobrega	Tendências Consultoria
Antoninho Marmo Trevisan	Trevisan & Associados
Fernando Antonio Pimentel de Melo	Abrapp
Eliseu Martins	FEA-USP
Germano Rigotto	Deputado federal, PMDB-RS
Geraldo Luciano Mattos Jr.	Presidente da Abamec NE

Chega de cascata

Não há alternativa – é preciso mudar a política tributária para evitar que o quadro atual, já preocupante, torne-se caótico. Sem meias-palavras, foi assim que a professora Maria Helena Zockun, da Fipe (Fundação Instituto Pesquisas Econômicas), analisou a atual situação dos tributos no painel Reforma Tributária, do qual participou como palestrante.

Ela garantiu que os problemas mais graves por que passa o setor produtivo devem-se à questão tributária: "O cenário atual é marcado por falta de isonomia para competir com importações e para exportar; ausência de financiamento em condições adequadas para produção e investimentos; e crescimento da informalidade, com todos os efeitos que ela traz aos setores organizados da economia".

A professora mostrou dados sobre o aumento da participação dos tributos em cascata (PIS, Cofins, CPMF, ISS) no total de impostos cobrados sobre a produção. Segundo ela, em 1998, esses tributos representavam 27% dos impostos indiretos. No ano seguinte, passaram a ser de 36% e em 2000 a proporção se elevou para 38%, ou R$ 68,775 bilhões.

"Trata-se de um número elevadíssimo", comentou. Pelo cálculos da especialista, o PIS e o Cofins chegam a ter peso superior a 10% nos custos finais de produtos, com sérios prejuízos à isonomia porque incidem sobre exportações e investimentos mas não sobre importações.

Para a professora Maria Helena, as tentativas do governo de melhorar esse quadro, como o crédito presumido nas exportações e o PIS e Cofins nas importações, "acabaram gerando outras distorções, com resultados imprevisíveis". Ela considera que a cobrança de contribuições nas compras de produtos do exterior não resolve o problema porque o ônus é função da extensão da cadeia produtiva e cria outro problema: o custo de produção fica mais alto.

Além disso, a palestrante lembrou que os tributos em cascata também incidem sobre bens de capital e construção civil, aumentando o custo de investimento. E, com seu peso, tão mais elevado quanto maior for a cadeia produtiva, encoraja a integração vertical, tirando estímulos de práticas modernas como terceirização, especialização e eficiência econômica.

Como comparação, a professora recordou que esses mesmos problemas deram origem à reforma tributária de 1965, que foi feita depois de uma constatação: a alíquota do IVC deu um salto de 2,5% em 1950 para 5,8% em média, quinze anos depois. Atualmente, somadas as alíquotas do PIS, Cofins e CPMF chega-se a 4,17%.

Se não fosse suficiente, somam-se a todos esses problemas de isonomia as inadequadas condições de financiamento, avalia a professora Maria Helena. Pelos cálculos dela, as taxas de retorno nos setores primário e secundário raramente chegam a 6% do patrimônio líquido. Como as taxas de juros Selic estão a 11% em termos reais, fica praticamente inviável financiar investimentos.

Além disso, a importante fonte de financiamento representada pelo BNDES está fechada para empresas inadimplentes com o Fisco. E ela recordou que para ir ao mercado de capitais há necessidade de ter informações contábeis transparentes.

Em sua apresentação, a especialista falou também sobre o peso das alíquotas legais: "Com os preços praticados no mercado, o valor agregado gerado pela maioria das empresas não é suficiente para remunerar os fatores, pagar os tributos e permanecer no mercado".

A situação leva a distorções, relembrou a palestrante. Seus estudos mostram que a relação entre base tributada e base tributável é de 56% em média – ou seja, pouco mais da metade do que se prevê tributar é alcançado pelo Fisco (60% no Imposto de Renda de pessoa jurídicas, 55% no ICMS e 44% nas contribuições patronais ao INSS).

Esses números, na avaliação da professora, mostram que a carga tributária só não é de 54% do PIB porque o Fisco só consegue alcançar 56% da base tributável.

Para a palestrante, o quadro tributário atual gera outras situações pouco comuns. As empresas brasileiras de capital estrangeiro, segundo ela, são mais controladas em suas obrigações com o Fisco e seu peso no pagamento de impostos é desproporcional ao tamanho que têm na economia: "Essas companhias tinham participação de 7,2% no PIB em 1995, peso que crescia para 14,5% no PIB industrial. Quando se observa essa relação na questão tributária, os números são assustadores – elas são responsáveis por 45,7% da arrecadação de tributos indiretos e de 29,3% no caso dos impostos diretos".

Diante desses dados, a professora Maria Helena Zockun afirmou que restam três alternativas para as empresas que não geram valor adicionado suficiente: descapitalização, inadimplência crônica ou informalidade. Resultado: a informalidade cresce nos setores com menor barreira à entrada de empresas no mercado.

O incentivo à informalidade causado pelas elevadas cotas de tributos, na observação da professora, é uma verdade cada vez mais presente na economia: "A vantagem de ter maior escala e melhor tecnologia mostra-se crescentemente insuficiente para compensar o diferencial de preços entre quem paga e quem não paga o total de tributos". Para completar, as empresas informais não têm que se preocupar com fiscalização sanitária, normas de segurança das embalagens e regras do Ministério da Saúde.

Como se não bastasse, ela afirma que, com a carga tributária atual de 33% do PIB, "mudanças tópicas em impostos são muito mais difíceis, porque alíquotas sobre bases adequadas seriam elevadíssimas e aumentariam a informalidade". Na opinião da professora, essa situação faz com que a reforma fiscal deva ser mais ampla, envolvendo na mudança tributária, além dos tributos cumulativos, o Imposto de Renda, a Previdência Social e os impostos estaduais.

"Só dessa forma pode-se falar em desenvolvimento e em melhoria do mercado de capitais", assegurou a palestrante. Pouco otimista, ela considera que atualmente não há no Congresso Nacional nenhuma proposta que abranja essas preocupações.

"Não é tão fácil assim"

A reforma tributária é necessária? Sem dúvida. Mas chegar a ela não será tão simples como se imagina, asseverou o palestrante Mailson da Nóbrega, da Tendências Consultoria, no painel que tratou do assunto.

Segundo ele, todos concordam que as distorções do sistema tributário são muito prejudiciais ao país. Nesse "todos", o palestrante inclui o presidente Fernando Henrique, o Banco Central e os Ministérios da Fazenda e do Planejamento. Mas como mudar a política de tributo é muito complexo, garantiu, "a sonhada reforma não saiu até agora nem sairá a curto prazo – o novo governo que assume em 2003, por exemplo, não terá condições de fazê-la de imediato".

Mailson da Nóbrega explicou que a dificuldade de fazer a reforma vem de várias frentes. A principal delas são as despesas que o governo é obrigado, por lei, a fazer, "que exigem uma carga tributária incompatível com o País em que vivemos". Para ele, o ideal seria que o peso dos impostos fosse de 25% do PIB – nível de países de renda per capita média semelhante à brasileira –, mas essa meta não pode ser atingida: "O governo é obrigado a gastar, pelo menos, 30% do PIB com despesas não passíveis de cortes".

O palestrante relembrou, como exemplo, que 18% de todos os impostos têm que ir para educação e que o governo é obrigado a manter os gastos em saúde na proporção do PIB. Nos estados e municípios, recordou, o porcentual sobe para 25%, e é ilegal fazer cortes nessas áreas.

O problema não pára por aí, alertou Mailson. As despesas com pessoal no setor público, que incluem salários, aposentadorias, pensões e programas sociais, equivalem a 21% do PIB: "Essas despesas exigem uma carga tributária que é o dobro da do México (16% do PIB), e 50% acima da carga da Argentina (20% do PIB)".

Na avaliação do palestrante, o Brasil tem despesa pública parecida com a dos países mais desenvolvidos da Europa, e esse é um dos motivos pelos quais a carga tributária é pesada.

Mas há outros pontos, recordou Mailson da Nóbrega. Ele calcula que 4 milhões de brasileiros pagam Imposto de Renda, em um país em que há mais de 100 milhões de eleitores. Por isso, esse imposto é responsável por 15% da carga tributária, enquanto em países desenvolvidos ele alcança 50%. Segundo o diretor da Tendências Consultoria, 80% da carga tributária é de impostos indiretos, "o que prejudica principalmente as camadas mais pobres".

Por que se chegou a essa situação? Na opinião do palestrante, a principal responsável foi a Constituição aprovada em 1988, "que criou o maior desastre fiscal da história da humanidade". Foi criada a partilha de recursos, que obriga, por exemplo, que 10% do IPI arrecadado seja destinado a exportações e que 48% seja destinado a estados e municípios.

Com as sucessivas crises econômicas mundiais em 1997 (Tigres Asiáticos) e 1998 (Rússia), o país passou por dificuldades, rememorou Mailson. Uma das conseqüências, de acordo com ele, foi a crescente importância da Receita Federal para o cumprimento das metas fiscais: "A arrecadação passou a ter prioridade de 100% e avançou, independentemente de seus defeitos".

Nesse processo, afirmou o palestrante, aconteceu o aumento da evasão, criando na Receita "a paixão por impostos que dificultam a sonegação, como a CPMF". No entanto, ele considera que a contribuição "é um mal, e o Brasil não pode cometer a tolice de torná-la permanente, mesmo com uma alíquota muito baixa".

Tantos problemas devem levar a uma visão realista sobre a reforma tributária, analisa Mailson da Nóbrega. Mas não significa que o assunto deva ser colocado de lado: "É possível buscar racionalidade e alternativas para reduzir distorções".

O mercado de capitais, por exemplo, deve manter o discurso a favor da reforma, mas ao mesmo tempo incorporar a visão de que é um processo de longo prazo. Para o palestrante, é importante que os participantes do mercado se convençam de que "a melhoria do sistema tributário acontecerá por mudanças incrementais, que acontecerão ao longo de vários governos".

É preciso, também, ter a visão de que, em períodos de crise fiscal, o governo lança mão do aumento de alíquotas de tributos de fácil arrecadação, afirmou o diretor da Tendências Consultoria, para quem "esses tributos costumam ser ruins". Para o mercado, ele recomenda também cautela com promessas de políticos: "Não se deve acreditar em candidatos que prometem fazer a reforma com o argumento de que ela é consenso da sociedade".

Na opinião de Mailson, a proposta de isenção da CPMF nas bolsas de valores e na securitização de recebíveis imobiliários é um exemplo positivo de postura do mercado de capitais para evitar mais distorções no sistema tributário. Para ele, é vital "resistir à piora da atual política tributária", e o mercado tem papel importante nesse trabalho de buscar alternativas que mudem gradativamente o quadro negativo atual.

O pior dos mundos, assegurou, seria pensar que a reforma pode ser feita sem problemas: "Não basta só vontade. Deve-se evitar a idéia de que é possível mudar o sistema tributário com base em três 'ismos' – voluntarismo, autoritarismo e simplismo. Isso só seria possível se o Brasil regredisse à ditadura".

Quando virá a vontade política?

O presidente da Comissão da Reforma Tributária da Câmara, deputado Germano Rigotto, é enfático: o atual sistema tributário faliu. Convidado especial do painel que debateu o assunto, ele assegurou que esse diagnóstico tinha sido feito há tempos por vários parlamentares, que apresentaram propostas em várias direções para aperfeiçoar a política de impostos. Apesar dessa movimentação, a reforma ainda não foi definida "porque faltou vontade política", garantiu Rigotto, que foi líder do governo Fernando Henrique no Congresso.

"As dificuldades para implantar a reforma são grandes, há muito conservadorismo e corporativismo", constatou. Mesmo assim, ele defende a manutenção da luta pela mudança do sistema tributário, "que, entre outros problemas, agrava o problema social do país".

O parlamentar assegurou que a reforma tem que partir do Poder Executivo. Se o governo quisesse, o sistema seria melhor, afirmou, mas, por enquanto, isso não aconteceu: "A equipe econômica olhou para o caixa do governo e pensou: não vamos mexer nesse sistema porque precisamos dele".

Germano Rigotto recordou que as companhias abertas suportam carga superior à média das empresas. Esse é um dos motivos pelos quais defendem a reforma, "e estão adotando a postura correta, porque não mexer no sistema tributário é incentivar o crescimento da informalidade, o que prejudica nossa economia".

Ao contrário de seu antecessor (o ex-ministro Mailson da Nóbrega), o deputado garantiu que o próximo governo poderá iniciar a reforma já no primeiro ano de mandato: "É uma demanda da sociedade. O país não agüenta mais esse peso. Por isso, mais do que pretender, o novo governo terá que mexer no assunto no início de seu mandato. Não há por que esperar".

Mitos e verdades

Fazer a reforma tributária não é simples. Mas é necessário fazê-la, e com rapidez, acredita Antoninho Marmo Trevisan, da Trevisan & Associados, que participou do painel como debatedor. Para ele, "é preconceito" achar que é impossível mudar o sistema tributário a curto prazo.

"Não concordo com a tese do 'Deixa como está porque senão piora', que só reforça uma série de preconceitos que atrapalha o Brasil", disse o debatedor. Entre esses preconceitos, ele citou também a taxa de juros, "que não precisa ser tão alta, por mais que se tente convencer do contrário".

Citando documento do Ministério da Fazenda, Trevisan afirmou que justificativa para o aumento da carga tributária é inaceitável: "O texto mostra que a verdadeira motivação para uma carga tão pesada é a expansão significativa do gasto público. O raciocínio é: 'Expande-se o gasto, busco a receita'. Como se pode admitir isso?".

O debatedor assegurou que o país não pode agüentar um sistema que inibe a geração de riquezas e a criação de empregos com a justificativa de que é preciso arrecadar 40% do PIB para equilibrar os gastos públicos e pagar os juros da dívida.

Outro documento lembrado por Antoninho Trevisan foi um paper da Receita Federal com o título "CPMF – Mitos e Verdades". O texto, disse o palestrante, procura provar que cumprimento da meta fiscal é o objetivo primordial da política tributária. "Não dá para acreditar em uma postura dessas", alertou.

No mesmo documento, afirmou Trevisan, há uma tentativa de justificar a cobrança da CPMF no mercado de capitais. De acordo com o debatedor, o texto lembra: "Como todos sabem, a valorização das ações anula o custo da CPMF" e dá como exemplo a valorização do papel Petrobras ON. Avaliação do diretor da Trevisan & Associados sobre esse texto: "É um absurdo. Qualquer investidor consciente deixaria de investir com uma CPMF de 0,38%".

A carga tributária sobre o mercado de capitais tem mais uma explicação, relembrou o debatedor: "Por que o governo não gosta do mercado de capitais? É simples: porque não quer ter um competidor pelo dinheiro do investidor".

Com base nessa análise, ele defende a adoção de uma reforma tributária, e para logo. Vontade para isso não falta, garante Trevisan: "A sociedade quer a reforma, os políticos também querem. Quem não quis foi o presidente Fernando Henrique, o ministro Pedro Malan e o secretário da Receita Federal, Everardo Maciel".

OS BONS EXEMPLOS ESTÃO AÍ

O Brasil não segue o modelo previdenciário que deu certo em outros países em relação ao tratamento fiscal da poupança do setor. Quem garante é Fernando Antonio Pimentel de Melo, presidente da Abrapp (Associação Brasileira das Entidades Fechadas de Previdência Complementar), que participou do painel sobre reforma tributária como debatedor.

"Não queremos favor", assegurou. "Queremos, sim, a possibilidade de crescimento dos investidores institucionais, copiando o que outros países fizeram de positivo".

O debatedor recordou que, em setembro de 2001, foi editada medida provisória determinando que as entidades fechadas de previdência complementar ficassem sujeitas à incidência de Imposto de Renda, de acordo com as normas de tributação para pessoas físicas e jurídicas não-financeiras. Além disso, adotou como solução para o estoque a anistia nos moldes do Refis (pagamento dos impostos dos últimos cinco anos sem correção, multas e juros). Para o fluxo, foi adotado o regime especial de tributação.

Fernando Melo considera que existe uma visão distorcida sobre os fundos de pensão: "Fala-se que eles são ricos e poderosos. Na verdade, trata-se apenas de um conjunto de poupanças de trabalhadores, feitas de maneira voluntária". As contribuições para esses fundos, recordou, são investidas no mercado, e o resultado, somado às contribuições antigas e novas, é reaplicado, em regime financeiro de capitalização.

As aplicações dos fundos de pensão, reforçou o debatedor, são feitas de acordo com normas do Conselho Monetário Nacional. Esses investimentos fazem com que as contribuições sejam capitalizadas, para fazer frente aos benefícios previdenciários acertados com os participantes.

Não foi essa visão que prevaleceu quando se decidiram tributar os fundos. O presidente da Abrapp relembra que os trabalhadores, quando aderem a um plano privado de previdência, renunciam o consumo imediato em favor de uma renda futura: "Apenas essa característica, de poupar em vez de consumir, já reclama um tratamento fiscal diferenciado. Quando houver o recebimento do benefício é que deve haver tributação".

Países como Canadá, Estados Unidos, Irlanda e Holanda adotam essa forma de tributação dos fundos de pensão, recordou o debatedor do painel. O resultado é positivo, tanto para os trabalhadores como para a economia. No Brasil, o potencial desses fundos também é expressivo, desde que eles recebam o tratamento fiscal adequado (v. tabela).

Fernando Antonio Pimentel de Melo comentou também que, se a renda das contribuições for tributada, a poupança líquida será menor e insuficiente para que o participante mantenha seu padrão de vida.

Por isso, ele propõe a adoção, no Brasil, do mesmo tratamento internacional aos fundos de pensão, "não importa o nome que se dê, diferimento, isenção ou imunidade". O imposto, de acordo com a proposta, deve ser pago na terceira fase do processo, quando os benefícios são concedidos, o que representaria maior justiça fiscal, com estabilidade de regras para formação de poupança de longo prazo.

POTENCIAL DOS FUNDOS DE PENSÃO

	Hoje	Em 5 anos
Reservas investidas no sistema produtivo	R$ 154 bilhões	R$ 220 bilhões
Participação no PIB	13%	20%
Empresas patrocinadoras	2.110	7.000
Fundos instituídos	359	1.200
Trabalhadores assistidos	2,3 milhões	8 milhões (10% da PEA)

Isonomia é tudo o que se quer

O mercado de capitais precisa de isonomia. Como setor essencial para que o país volte a crescer, deve ser tratado da mesma maneira que outros segmentos da economia brasileira. Precisa que se esqueça todo tipo de privilégio, tanto na concorrência externa como na interna. A opinião é do professor Eliseu Martins, diretor da FEA-USP e debatedor do painel sobre reforma tributária.

Em relação à incidência de impostos, as companhias abertas não têm tratamento igual ao de outras empresas, relembrou o professor. Essa situação, além de injusta, representa um ponto a ser corrigido o mais rápido possível, antes mesmo de uma reforma fiscal mais ampla, afirmou o debatedor: "A mudança radical do sistema pode demorar, mas é preciso saber o que se pode fazer em relação ao mercado de capitais. Não se pode adotar a postura de esperar para ver".

Cabe, portanto, tomar medidas para evitar que o mercado continue perdendo força, recebendo tratamento desigual na comparação com o que acontece em outros países. O professor lembrou também que é preciso aproveitar as experiências positivas que vêm do exterior: "A informalidade era um problema grave na economia de países como Itália, Austrália e Nova Zelândia. Mas eles estão conseguindo resolver essa questão. Por que não aproveitar um pouco dessa experiência no Brasil, com evidentes benefícios para o mercado de capitais?".

Outra exigência, na opinião dele, é que se aumente o número de empresas no mercado. Atualmente, o acesso é difícil e as resistências são grandes, avaliou, mas esse cenário deve mudar: "É preciso agir, mesmo com dificuldades. Trazer empresas para o mercado é benéfico não só para aumentar o volume de negócios, mas também porque, quanto mais companhias comprometidas com a transparência, melhor para a economia".

Eliseu Martins defende também que se lance um processo de educação, mostrando o que é o mercado e em que pontos ele ajuda o país: "Deve ser uma campanha ampla, tendo como alvo um largo espectro da sociedade. Precisamos mostrar o mercado de capitais aos sindicatos, aos trabalhadores, acabando com a idéia de que se trata de especulação".

Iniciativas como essa, de aumentar a consciência da população para a importância do mercado, são importantes para a mudança no sistema tributário, garantiu o debatedor: "O mercado precisa de várias iniciativas para começar a se recuperar. É preciso pensar grande para chegar onde queremos".

JUROS

Frente a frente com o inimigo

Principal vilão do mercado de capitais, o elevadíssimo nível das taxas de juros é também um dos maiores entraves ao crescimento econômico. Mas os participantes do painel que debateram o tema alertaram: não adianta maldizer a escuridão, é preciso buscar a luz – ou seja, analisar as causas que levaram o Brasil a ser um dos campeões do mundo nesse item e, a partir daí, apresentar propostas para rever esse quadro

com:

Luís Paulo Rosenberg	Rosenberg e Associados
Raul Velloso	ARD Consultores
Yoshiaki Nakano	FGV
Cody Leivas Simões Pires	Presidente da Abamec Sul

Flertando com o caos

O Brasil não tem apenas uma das maiores taxas de juros do mundo. Tem também, infelizmente, um duradouro processo de solidificação desse alto nível das taxas – o que não só impede o crescimento do mercado de capitais e o desenvolvimento econômico, mas também vai exigir um longo período de tempo até que se volte a ter um patamar palatável de custo do dinheiro.

O economista Luís Paulo Rosenberg, na palestra que realizou no painel que debateu o assunto, fez essa análise ao apresentar pesquisa que realizou sobre os juros. Ao comparar o nível de taxas praticado no Brasil com 21 países de economias similares à brasileira, ele confirmou com dados a percepção de toda a sociedade brasileira: a taxa média praticada internamente é bem mais elevada que a média do universo pesquisado.

O comportamento das taxas de juros foi analisado no período de 1990 a 1999 em países asiáticos e entre 1993 e 2000 na América Latina. Nesses períodos, a média de taxas de juros internos sempre esteve mais elevada que nos demais países. Para o economista, a constatação mostra que existe no país um processo de sustentação de altas taxas de juros por um período muito prolongado.

No mesmo período, o palestrante também avaliou os indicadores: dívida externa/PIB, dívida pública/PIB, crédito e inflação. Não encontrou entre taxa de juro real praticada e os demais indicadores correlação que justificasse taxas tão elevadas em relação aos demais países analisados.

Um dos malefícios das taxas de juros tão elevadas, afirmou o economista, é o desestímulo aos investimentos. No período do estudo, a taxa média de juro real no Brasil foi de cerca de 20%. Conclusão de Rosenberg: durante esses anos, foi para as empresas que não tinham taxa de retorno superior a 21% (ou seja, a imensa maioria das companhias) mais vantajoso comprar um CDB de um banco e mantê-lo durante o período do que investir em seu negócio e correr riscos.

Com essas taxas de juros, entende o especialista, não se pode pensar em desenvolver o mercado de capitais, criar programas de desenvolvimento industrial, discutir aumento de salário real ou falar em redução da sonegação fiscal. Para ele, depois de praticar taxas tão elevadas por quase uma década, o país vai precisar de, pelo menos, cinco décadas para se recuperar de "tamanha irresponsabilidade".

Na opinião do palestrante, essa situação é mais do que grave – é gravíssima: "Estamos muito próximos da ruptura, e a insistência em manter essa política monetária vai levar o Brasil ao caos, como aconteceu na Argentina".

Pelos manuais de economia, um governo que pratica uma política austera abre espaço para o Banco Central praticar uma política monetária saudável. No caso brasileiro, não se conseguiu, pela análise de Rosenberg, manter o déficit público sob controle. "De 1990 a 1994, houve um período de austeridade fiscal", relembrou. "Mas em 1995 o déficit público fiscal foi bastante elevado, de 6,1% do PIB (déficit operacional), em um ano em que a receita real cresceu 30% e em um dos períodos de maior arrecadação da história". Ele credita grande parte desse déficit aos gastos do Ministério da Saúde, sob o comando de José Serra.

O especialista comparou os dois mandatos do presidente Fernando Henrique Cardoso com os do presidente Carlos Menem, da Argentina. No primeiro, Menem obteve resultados fiscais melhores e no segundo registrou déficits astronômicos. Já a trajetória da dívida pública de Fernando Henrique foi o oposto – no primeiro mandato conseguiu mais austeridade fiscal e no segundo gastou mais do que arrecadou. "Com uma política fiscal muito pouco austera fica difícil ao Banco Central administrar a política monetária", avalia o economista.

O prazo de operações de crédito é outro fato a ser avaliado, lembrou o palestrante. O prazo médio praticado no País chegou a 295 dias no ano passado, o que é considerado muito curto. Em alguns países, pratica-se prazo médio de até cinco anos. Esse prazo apertado dificulta aos bancos buscar cobertura de custos mais lucro, e, por isso, os spreads são tão elevados. Não se pode esquecer também o peso da inadimplência, relembrou, que é outro inibidor para a queda das taxas de juros: "Os bancos teriam mais lucro com metade do spread que praticam se os prazos de financiamento fossem duas a três vezes maior. Ou seja, enquanto não se alongarem os prazos dos financiamentos, o país não vai conseguir reduzir substancialmente as taxas de juros".

Há outros impedimentos à redução do custo do dinheiro no curto prazo. Entre eles, o economista destacou a incerteza política com as eleições de 2002. Vai sobrar para o ganhador das eleições presidenciais uma tarefa hercúlea, prevê Rosenberg: "A próxima administração terá que encolher o tamanho do Estado, fazer um ajuste fiscal mais vigoroso, entrar com pacote de reformas estruturais logo no início do mandato, quando normalmente o Congresso está mais receptivo, e fomentar sistematicamente o *funding* alternativo, estimulando, por exemplo, o mercado de capitais".

O PASSADO CONDENA, O FUTURO PREOCUPA

Seja olhando para o passado, seja pensando no futuro, vê-se pouca esperança de redução da taxa de juros a curto prazo. Para o economista Raul Velloso, especializado em contas públicas e também palestrante do painel, a evolução recente das taxas e as perspectivas da dívida pública são um forte estímulo ao pessimismo e indicam que o país ainda deve passar um bom tempo convivendo com o elevado custo do dinheiro.

DISTRIBUIÇÃO DAS DESPESAS NÃO FINANCIADAS NO GOVERNO CENTRAL

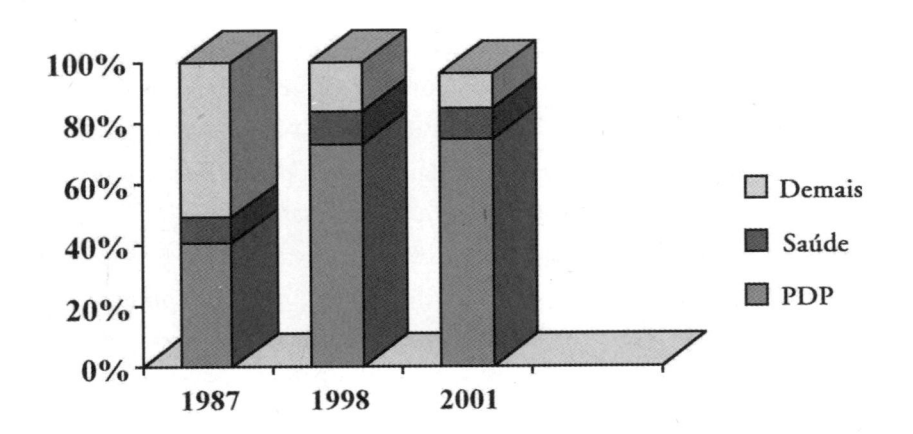

Ele centrou o foco no governo Fernando Henrique para justificar seu pessimismo. Segundo o especialista, no primeiro mandato de FHC a relação dívida líquida/PIB cresceu acentuadamente. Dívida líquida é o endividamento bruto menos os ativos financeiros de propriedade do setor público e registrados pelo Banco Central. No segundo mandato, recordou Velloso, embora as taxas praticadas fossem menos elevadas, a dívida voltou a crescer sistematicamente: "Deste momento em diante, existem dúvidas sobre a capacidade de o governo conseguir controlar o crescimento da dívida".

Os dados do palestrante mostraram que, do fim de 1994 ao final de 1998 (o primeiro mandato de Fernando Henrique), a razão dívida líquida/PIB passou de 30,4% para 41,7% do PIB, causando pânico nos mercados. Logo a seguir, em janeiro de 1999, ruiu o regime de câmbio quase fixo em vigor até então. E, pela elevação da taxa de câmbio de R$ 1,20 para R$ 2,00 que se deu naquele momento, a dívida líquida/PIB subiu para 51%.

Na opinião do palestrante, a relação dívida líquida/PIB cresceu naquele período porque as taxas de juros praticadas foram muito elevadas – para sustentar o regime cambial em vigor – e os superávits primários foram baixos, ou até negativos. Além disso, houve considerável explicitação de dívidas escondidas ("esqueletos") em montante superior aos recursos provenientes das privatizações.

Aconteceram alterações de 1999 para cá, recordou o economista, depois da assinatura do acordo com o FMI. Os superávits primários saltaram de valores praticamente nulos em 1998 para os patamares entre 3% e 3,5% do PIB, para surpresa do país. Além disso, as taxas de juros internas iniciaram processo de queda que perdura até hoje. Entretanto, ao mesmo tempo, o processo de explicitação de "esqueletos" continuou, enquanto a privatização perdia força. Raul Velloso ressaltou que, apesar disso, se a taxa de câmbio tivesse se mantido estável ao redor de R$ 2,00 por dólar – nível para o qual pulou em janeiro de 1999 –, a relação dívida líquida/PIB tenderia a se aproximar de 46,5% ao final de 2001, conforme meta indicativa do acordo básico assinado com o FMI.

Mas houve o contrário: as taxas de câmbio começaram a se elevar em busca de novo patamar a partir de março de 2001, alcançando pico de R$ 2,71 em setembro daquele ano. Para o palestrante, o salto aconteceu principalmente porque os saldos comerciais do balanço de pagamentos não cresceram tanto quanto se esperava após a mudança do regime cambial, e os ingressos de investimento direto reduziram consideravelmente em relação aos valores recorde observados em 2000.

DÍVIDA LÍQUIDA DO PIB

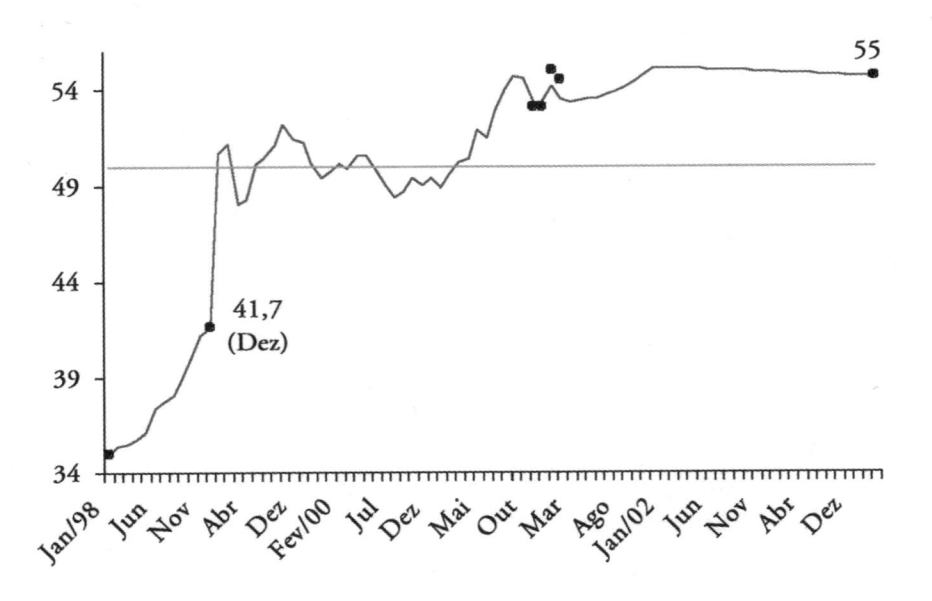

Gráfico mostrando a evolução da dívida líquida/PIB de Jan/98 a Dez, com valor de 41,7 (Dez) destacado e atingindo cerca de 55 ao final do período.

Diante daquela situação, lembrou o economista, para evitar subidas ainda maiores das taxas de câmbio, o Banco Central resolveu colocar quantidades crescentes de dívida mobiliária com correção cambial, aumentando significativamente o grau de pós-fixação da dívida pública brasileira e, particularmente, o peso dos papéis referenciados à taxa de câmbio. Essa postura significou que, ao final de novembro de 2001, 34,3% da dívida líquida/PIB passou a ser referenciados à taxa Selic, e 50% à taxa de câmbio. Em outras palavras, afirmou o especialista, não menos que 84,3% do total se tornou pós-fixados em Selic e câmbio, revelando alta sensibilidade da dívida líquida/PIB a essas duas variáveis críticas.

Conseqüência: a dívida líquida/PIB subiu de algo ao redor de 50% do PIB por volta de março de 2001 até alcançar cerca de 55% em outubro do mesmo ano. Na análise de Velloso, de lá para cá, como a taxa de câmbio caiu para R$ 2,42 no final de fevereiro de 2002, a relação dívida líquida/PIB fechou aquele mês em 54,5% do PIB, "nível ao redor do qual parece hoje em dia estar estabilizada". A queda aconteceu mesmo após expressiva explicitação de novos "esqueletos" – e também porque a taxa de juros interrompeu o processo de quedas sucessivas (entre março e agosto de 2001, a Selic subiu de 15,4% para 19% ao ano, voltando a cair levemente desde então).

O futuro não chega a ser animador, considera Raul Velloso. Na opinião dele, a relação dívida pública/PIB só ficará estável se forem mantidos os níveis de vários indicadores, ou seja: o superávit primário precisaria ficar no mínimo em 3,1% do PIB indefinidamente; a taxa de juros real deve permanecer constante em 10% ao ano (valor próximo ao de abril de 2002); a taxa de crescimento do PIB ao redor de 4% ao ano; a dívida líquida/PIB no ponto de partida nos mesmos 54,5% de fevereiro. Deve-se assumir, ainda, que não haverá mais "esqueletos" não cobertos por receitas adicionais de privatização nem nenhuma variação na taxa de câmbio real.

Dessa forma, o economista acredita que há poucas possibilidades de redução das taxas de juros – ou, pelo menos, que se pratiquem taxas mais baixas do que o ponto mínimo da série recente, de 15,4% ao ano em fevereiro/março de 2001. Velloso justifica esse ceticismo: "Existem dúvidas sobre a capacidade de o governo sustentar superávits primários nesse nível por muito tempo, e também sobre as perspectivas da taxa de câmbio real e dos 'esqueletos' que ainda faltam colocar para fora dos armários", relembrou. E não se pode esquecer também a alta sensibilidade da dívida líquida/PIB à taxa de câmbio. Por tudo isso, garantiu, os mercados permanecem pouco crédulos quanto à queda dos juros – sem dúvida, uma má notícia para o mercado de capitais e para toda a economia brasileira.

Muito mais erros do que acertos

O professor Yoshiaki Nakano, da Fundação Getúlio Vargas, bem que tentou não radicalizar nas críticas à política econômica do governo ao debater a situação das taxas de juros. Mas não se conteve: para ele, o cenário econômico que o país vive é uma tragédia "e não há ajuste fiscal que resolva o problema brasileiro se o Brasil não crescer a taxas mais elevadas".

Ele reconheceu os méritos da abertura econômica, do controle da inflação e da adoção do regime de taxa de câmbio flutuante sem explosão inflacionária. Mesmo com essa postura, no entanto, foi crítico a vários pontos da estratégia adotada pelo governo. Um exemplo: "A política de metas inflacionárias é equivocada". Mesmo em relação aos pontos positivos, o palestrante afirmou que é preciso dar passos adicionais.

Nakano foi cáustico em sua análise: "O modelo atual vai acabar em desastre se não tiver uma mudança significativa". Não faltam motivos para justificar essa previsão pouco otimista: "A relação entre exportações/PIB é inversa ao que acontece nos demais países. Estatisticamente, nos últimos vinte anos, o processo brasileiro sempre começa com uma recessão: as exportações aumentam, há uma recuperação da demanda interna e, em seguida, crescem as importações mas caem as exportações, o que gera uma necessidade de financiamento externo", recordou.

Para piorar, disse o debatedor, o aumento das exportações não se traduz em investimento adicional com aumento da capacidade produtiva. A demanda interna cresce e as empresas preferem vender ao mercado interno. Ou seja, o país é exportador de excedentes.

Para o professor Nakano, sem crescimento o passivo externo aumenta e a taxa de juro é mantida elevada para atrair recursos, inibindo o financiamento de longo prazo, o crescimento da atividade econômica e o desenvolvimento do mercado de capitais: "O país não consegue sair desse círculo vicioso".

Mas será que existe saída? O palestrante acredita que sim, desde que um novo modelo seja adotado, com taxas de juro mais baixas e taxa de câmbio de equilíbrio de longo prazo. Também é preciso praticar uma política comercial agressiva. Com isso, o aumento das exportações resultaria em crescimento da taxa de investimento da economia e, portanto, mesmo com a recuperação da demanda interna, as exportações continuariam crescendo e amenizariam a necessidade de financiamento externo.

O especialista considera que, com o aumento da capacidade produtiva, é possível ter um ciclo de crescimento sustentado. E com o crescimento a demanda interna continuaria a ser alimentada o que, por sua vez, amenizaria o problema fiscal.

PIB E IMPORTAÇÕES - VARIAÇÃO PERCENTUAL

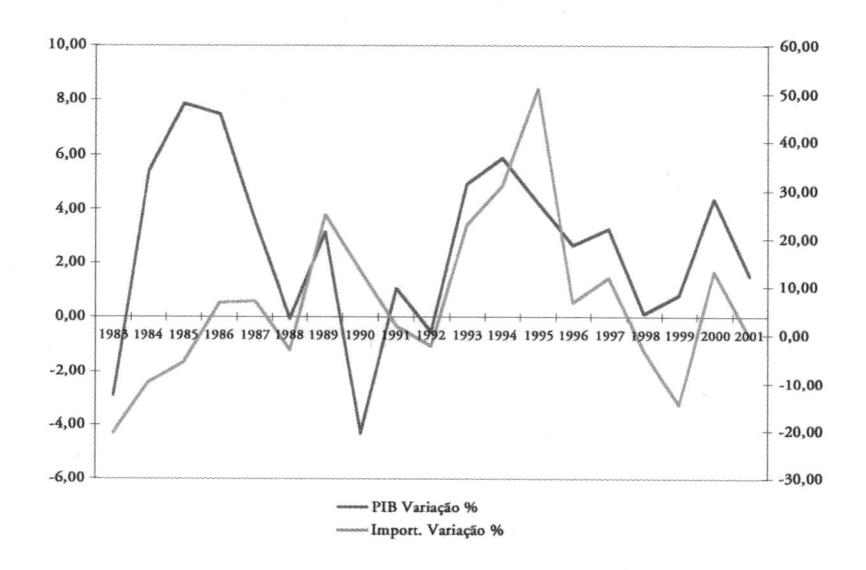

—— PIB Variação %
—— Import. Variação %

Existem duas variáveis principais para a retomada, reafirmou. Uma delas é a obtenção de uma taxa de câmbio de equilíbrio que gere superávits comerciais suficientes para reduzir sistematicamente o déficit de transações correntes – o que permitiria entrar numa trajetória na qual a dívida em relação ao PIB parasse de crescer. A outra (e não menos importante) variável é a redução da taxa de juros.

Em relação ao custo do dinheiro, Yoshiaki Nakano tem sérias preocupações. Para ele, o Banco Central tem utilizado, nos últimos anos, a taxa de juro para resolver todos os problemas, "o que é um grande equívoco". Classicamente, lembrou, a taxa de juros deve ser utilizada para administrar a demanda agregada: "A inflação é controlada pelo controle do nível de atividade. Quando a economia cresce muito e atinge sua capacidade máxima, os salários crescem, aquecendo a demanda. Neste caso, um banco central deve administrar a taxa de juros para controlar a demanda agregada".

Esse sistema tem se sofisticado nos últimos tempos, recordou o debatedor: os bancos centrais passaram a estabelecer metas monetárias em vez de metas de expansão de moeda em circulação. O sistema utilizado consiste, então, em elevar ou baixar a taxa de juro, usando uma taxa real considerada de equilíbrio.

Essa taxa permite que a economia esteja operando em plena capacidade de forma a não gerar inflação.

O professor considera que a adoção desse modelo leva a uma discussão: como o sistema deve ser utilizado em uma economia aberta? O consenso, garante, é que quando o câmbio real estiver fora da taxa de equilíbrio do setor externo, a taxa de juro deve ser elevada. Ou seja, administra-se o juro de olho no movimento da taxa de câmbio.

No Brasil, no entanto, a política monetária adotada faz com que o Banco Central reaja principalmente em três situações: na variação da taxa de inflação, quando existe qualquer alteração na taxa do câmbio ou nas reservas cambiais e quando há queda do saldo comercial.

Trata-se de uma estratégia equivocada, na avaliação do debatedor. Ele ressalta que devem ser retirados os impactos inflacionários transitórios – o "choque de custos" –, que provocam apenas uma mudança relativa nos preços e não uma inflação elevada por um período prolongado. Como exemplo, o professor citou a recente alta dos preços do petróleo, que não vão ter impacto na inflação por período muito longo, e que deve ser descontada das metas de inflação. Em outras palavras, ele quer que se adote "de fato" o sistema de *core inflation*.

Mesmo com tantos percalços, Nakano acha que é possível sonhar com aperfeiçoamentos. Segundo ele, apesar dos equívocos da política monetária do Banco Central, a sociedade deve realizar um amplo debate sobre esses temas, "até porque não se deve jogar sobre a autoridade monetária todas as responsabilidades". Essa postura traria resultados positivos para todos, com reflexos no desenvolvimento econômico e no crescimento de setores importantes, como o mercado de capitais.

GRÁFICOS

Uma fotografia do mercado

O professor Carlos Rocca, coordenador técnico do Plano Diretor do Mercado de Capitais, acompanha há tempos o comportamento do setor. Neste trabalho, reuniu gráficos e tabelas que são um retrato da situação do mercado. Reproduzimos nas próximas páginas algumas dessas "fotografias", que mostram com clareza a necessidade de apresentar um conjunto de propostas — como se fez no Congresso da Abamec — para mudar esse triste cenário

INDICADORES DO TAMANHO DO MERCADO DE CAPITAIS				
	Dez-97 Brasil	1995 União Européia	Japão	EUA
PIB (US$ bilhões)	804,1	8.427,0	5.114,0	7.253,8
Em % do PIB: Capital Bursátil	31,8%	44,8%	71,7%	94,5%
Título de dívida privados	3,7%	45,8%	36,7%	59,2%
Subtotal	35,5%	90,6%	108,4%	153,7%
Dívida pública	32,8%	57,1%	67,5%	92,5%
Ativos bancários	47,1	175,8%	144,3%	68,9%
Total	115,5%	323,5%	320,2%	315,1%

Fonte: Banco Central, Bovespa, Prati e Schinasi, 1996
Rocca, C. A. & Carvalho, A. G., (1999). *Mercado de Capitais e o Financiamento de Empresas Abertas*, trabalho realizado para a Abrasca

Capitalização Bursátil Bovespa

Total em US$milhões e % do PIB 1982 - 2000

(Média Móvel 3 anos)

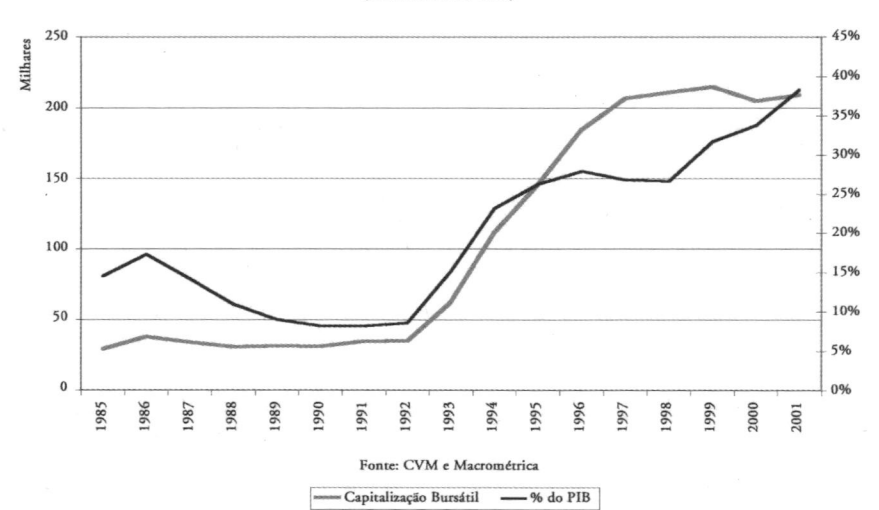

Fonte: CVM e Macrométrica
— Capitalização Bursátil — % do PIB

Volume de negócios nas Bolsas de Valores
Total e % do PIB 1982 - 1997
(Média móvel 3 anos)

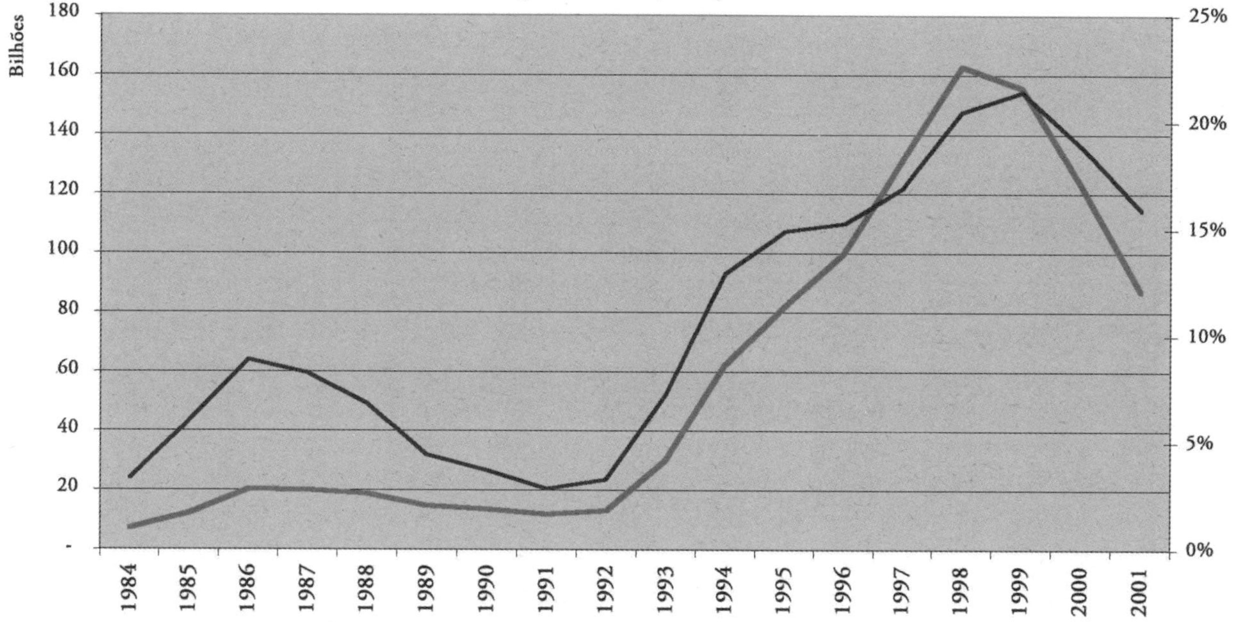

Fonte: CVM e Macrométrica

——— Volume de Negócios   ——— % do PIB

121 MERCADO DE CAPITAIS, A SAÍDA PARA O CRESCIMENTO

EMISSÃO DE AÇÕES COMO PROPORÇÃO DA FORMAÇÃO BRUTA DE CAPITAL FIXO (1996)			
País	Emissão de Ações sobre formação bruta de capital	País	Emissão de Ações sobre formação bruta de capital
África do Sul	0,30	França	0,05
Holanda	0,18	Hungria	0,05
EUA	0,17	Quênia	0,05
Reino Unido	0,17	Alemanha	0,04
Austrália	0,15	Bahrain	0,04
República Tcheca	0,15	Coréia	0,04
Chile	0,14	Noruega	0,04
Malaísia	0,14	Sri Lanka	0,04
Índia	0,11	Turquia	0,04
Jordânia	0,11	Dinamarca	0,03
Nova Zelândia	0,10	Finlândia	0,03
Omã	0,10	Grécia	0,03
Canadá	0,09	Irã	0,03
Eslovênia	0,09	Israel	0,03
Marrocos	0,09	Portugal	0,03
Suécia	0,09	Bangladesh	0,02
Filipinas	0,08	Itália	0,02
Indonésia	0,08	Peru	0,02
Nigéria	0,08	**Brasil**	0,01*
Gana	0,07	Áustria	0,01
Paquistão	0,07	México	0,01
Tunísia	0,07	Polônia	0,01
Bélgica	0,06	Bulgária	0,05
Tailândia	0,06	Eslováquia	0,00
Zimbábue	0,06	Panamá	0,00
Colômbia	0,05	Uruguai	0,00

Fonte: Rajan, Raghuram G. & Zingales, Luigi (1999)
Fontes primárias: FIBV e FMI (International Financial Statistics).
*Exclui emissão do Banco do Brasil no valor de US$ 8bi.

Carvalho, A.G.–(2000). "Ascensão e Declínio do Mercado de Capitais no Brasil. A experiência dos anos 90. – Estudos para o Desenvolvimento do Mercado de Capitais, Bovespa, junho/2000, pp. 24-47

DISTRIBUIÇÃO DA PRESENÇA EM PREGÃO DOS PAPÉIS NEGOCIADOS NA BOVESPA PERÍODO - 28/12/2000 A 28/12/2001 (247 DIAS DE PREGÃO)				
INTERVALO	FREQÜÊNCIA	FREQÜÊNCIA (%)	ACUMULADO CRESCENTE	ACUMULADO DECRESCENTE
1-10	197	33,8%	33,8%	100,0%
11-20	56	9,6%	43,5%	66,2%
21-30	34	5,8%	49,3%	56,5%
31-40	22	3,8%	53,1%	50,7%
41-50	19	3,3%	56,4%	46,9%
51-60	13	2,2%	58,6%	43,6%
61-70	8	1,4%	60,0%	41,4%
71-80	10	1,7%	61,7%	40,0%
81-90	8	1,4%	63,1%	38,3%
91-100	17	2,9%	66,0%	36,9%
101-110	5	0,9%	66,8%	34,0%
111-120	10	1,7%	68,6%	33,2%
121-130	5	0,9%	69,4%	31,4%
131-140	7	1,2%	70,6%	30,6%
141-150	9	1,5%	72,2%	29,4%
151-160	8	1,4%	73,5%	27,8%
161-170	5	0,9%	74,4%	26,5%
171-180	7	1,2%	75,6%	25,6%
181-190	8	1,4%	77,0%	24,4%
191-200	8	1,4%	78,4%	23,0%
201-210	6	1,0%	79,4%	21,6%
211-220	5	0,9%	80,2%	20,6%
221-230	11	1,9%	82,1%	19,8%
231-240	12	2,1%	84,2%	17,9%
241-247	92	15,8%	100,0%	15,8%
Total	582	100,0%		

Fonte: Bovespa - Gerência de Projetos e Assessoria Econômica

Distribuição acumulada do Preço por Valor Patrimonial - Amostra de 332 Papéis (valor médio 1995 - 1997)

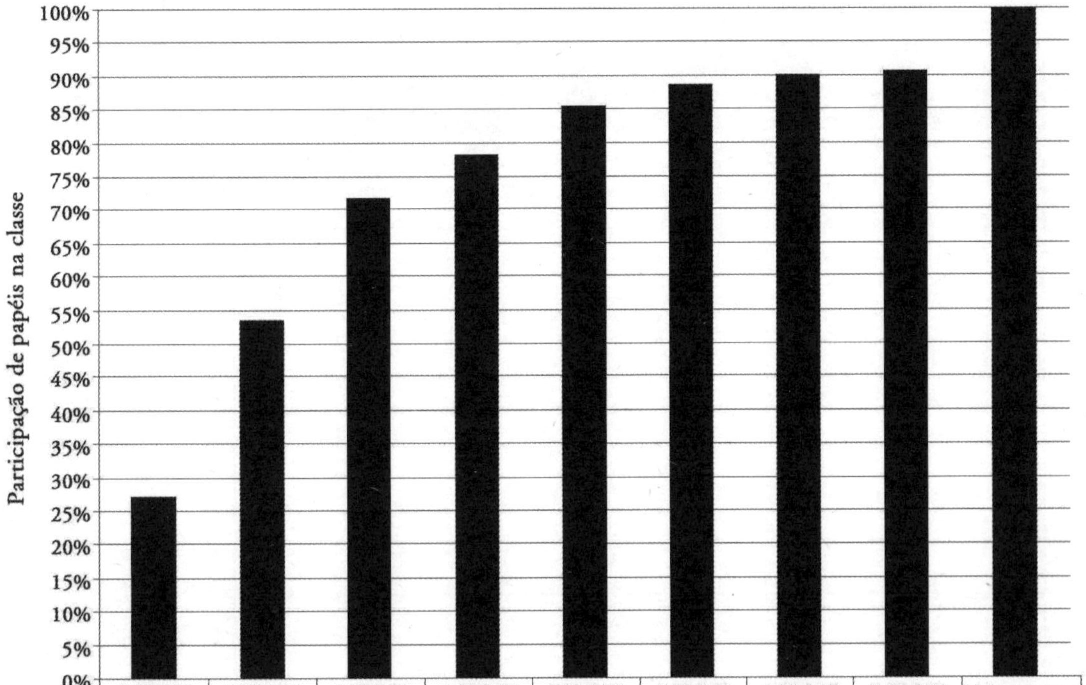

Classe de preço por valor patrimonial	0,00-0,25	0,00-0,50	0,00-0,75	0,00-1,00	0,00-1,25	0,00-1,50	0,00-1,75	0,00-2,00	Maior que zero
Participação	27,1%	53,6%	71,7%	78,3%	85,5%	88,6%	90,1%	90,7%	100,0%

Fonte: Bovespa

Número de Empresas Abertas

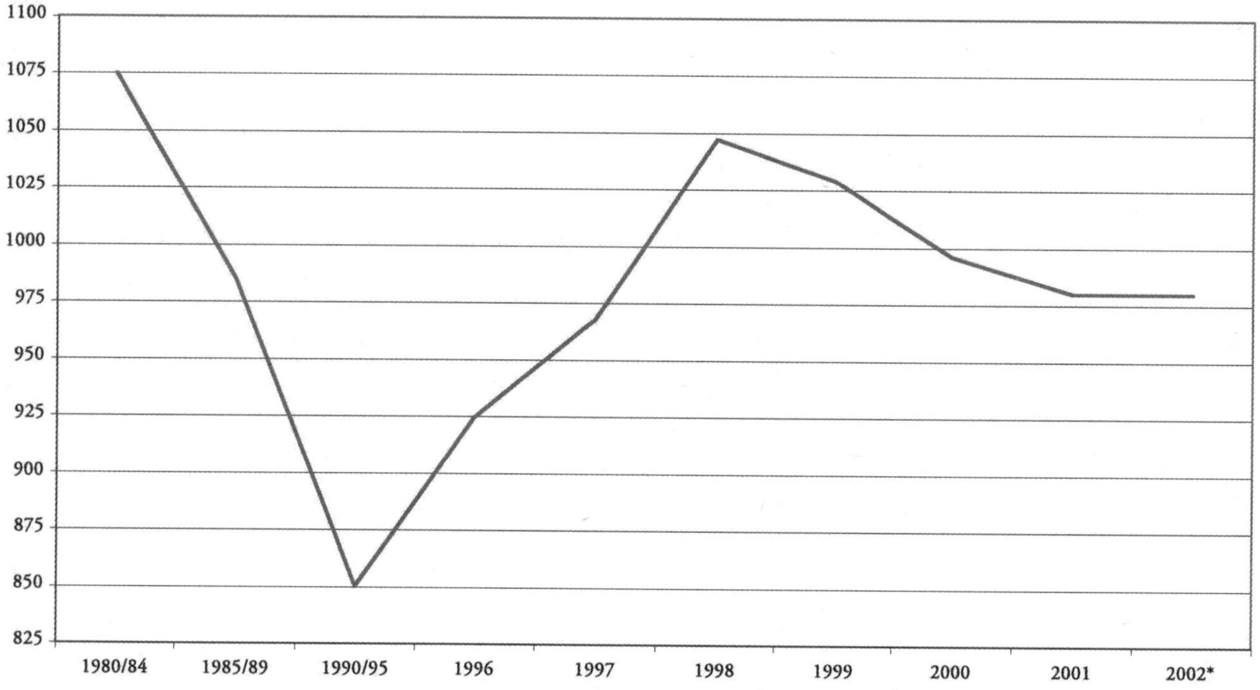

Fonte: CVM
*janeiro

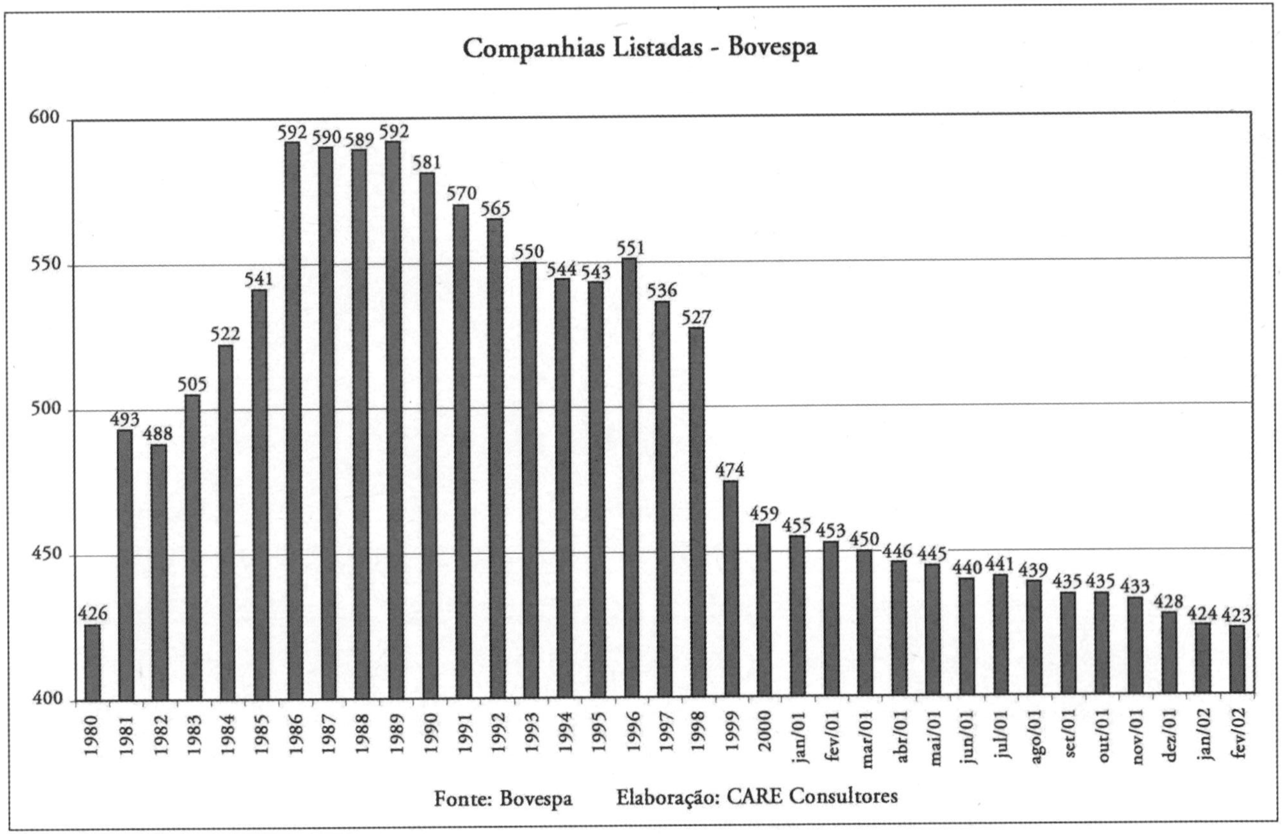

Companhias Listadas - Bovespa

Período	Quantidade
1980	426
1981	493
1982	488
1983	505
1984	522
1985	541
1986	592
1987	590
1988	589
1989	592
1990	581
1991	570
1992	565
1993	550
1994	544
1995	543
1996	551
1997	536
1998	527
1999	474
2000	459
jan/01	455
fev/01	453
mar/01	450
abr/01	446
mai/01	445
jun/01	440
jul/01	441
ago/01	439
set/01	435
out/01	435
nov/01	433
dez/01	428
jan/02	424
fev/02	423

Fonte: Bovespa   Elaboração: CARE Consultores

MERCADO PRIMÁRIO - VALOR DAS EMISSÕES: 1993-2001					
	AÇÕES			DEBÊNTURES		
ANO	Número de Emissores no Ano	Emissão Média (US$ milhões)	Volume Total	Número de Emissores no Ano	Emissão Média (US$ milhões)	Volume Total
1993	25	33,6	840	43	89,4	3.844
1994	46	49,1	2.259	38	86,9	3.302
1995	27	78,2	2.111	82	92,4	7.577
1996	23	50,1	1.152	86	96,4	8.290
1997	22	159,1	3.500	57	121,4	6.920
1998	20	174,2	3.484	57	152,2	8.675
1999	10	145,9	1.459	36	100,6	3.622
2000	6	128,4	770	42	113,2	4.754
2001	6	104	625	41	160,7	6.591

Fonte: CVM
Elaboração: Care Consultores

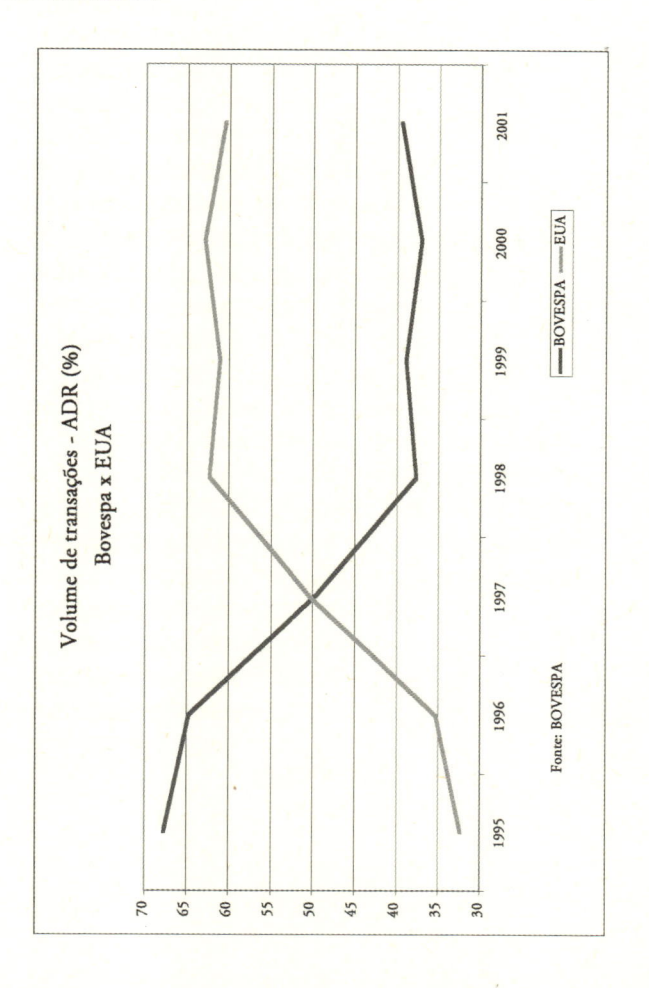

Volume de transações - ADR (%)
Bovespa x EUA

Fonte: BOVESPA

ANO	AÇÕES		
	EUA 1994	Alemanha 1994	Japão 1995
0 a 10%	66,0	3,2	61,1
10 a 25	17,4	6,9	21,3
25 a 50	13,0	16,7	12,9
50 a 75	2,1	31,9	4,7
75 a 100	1,5	41,3	

CONCENTRAÇÃO DA PROPRIEDADE NA ALEMANHA, JAPÃO E ESTADOS UNIDOS. PORCENTAGEM (X) DO CAPITAL VOTANTE CONTROLADO PELO MAIOR ACIONISTA

Fonte: Dietl, Helmut M. *Capital Markets and Corporate Governance in Japan, Germany and the United States* – pg. 124, 1998-12-21.

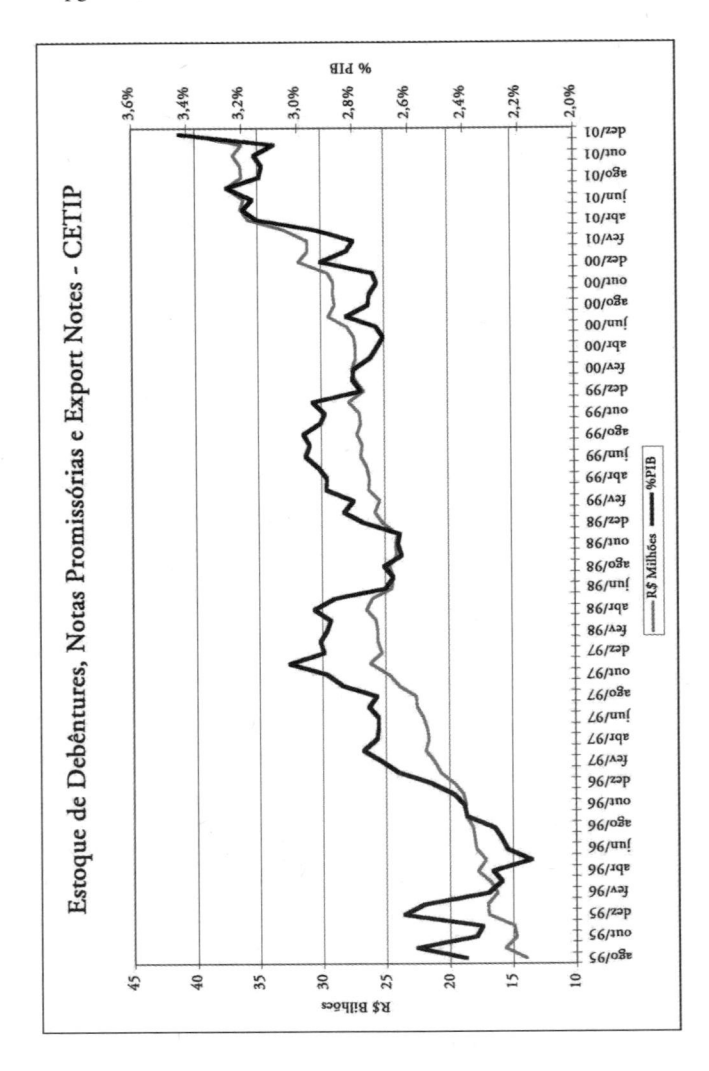

Riqueza Financeira nos Institucionais - % PIB
Soma de Fundos de Pensão e Fundos de Investimento

Fonte: BCB e ABRAPP

MÉDIA DE RETORNOS INICIAIS (*UNDERPRICING*) PARA 30 PAÍSES				
País	Tamanho da amostra	Período	Média do retorno inicial (%)	Taxa de Desconto
China	226	1990-96	388,00%	79,51%
Malásia	132	1980-91	80,30%	44,54%
Brasil	62	1979-90	78,50%	43,98%
Coréia	347	1980-90	78,50%	43,98%
Tailândia	32	1988-89	58,10%	36,75%
Portugal	63	1986-87	54,40%	35,23%
Grécia	79	1987-91	48,50%	32,66%
Taiwan	168	1971-90	45,00%	31,03%
Suíça	42	1983-89	35,80%	26,36%
Índia	98	1992-93	35,30%	26,09%
Espanha	71	1985-90	35,00%	25,93%
Suécia	251	1980-94	34,10%	25,43%
México	37	1987-90	33,00%	24,81%
Japão	472	1970-91	32,50%	24,53%
Cingapura	128	1973-92	31,40%	23,90%
Nova Zelândia	149	1979-91	28,80%	22,36%
Itália	75	1985-91	27,10%	21,32%
Chile	19	1982-90	16,30%	14,02%
Hong Kong	334	1980-96	15,90%	13,72%
EUA	13.308	1960-96	15,80%	13,64%
Reino Unido	2.133	1959-90	12,00%	10,71%
Austrália	266	1976-89	11,90%	10,63%
Alemanha	170	1978-92	10,90%	9,83%
Bélgica	28	1984-90	10,10%	9,17%
Finlândia	85	1984-92	9,60%	8,76%
Holanda	72	1982-91	7,20%	6,72%
Áustria	67	1964-96	6,50%	6,10%
Canadá	258	1971-92	5,40%	5,12%
Israel	228	1993-94	4,50%	4,31%
França	187	1983-92	4,20%	4,03%

Fonte: Loughran & Ritter & Rydqvist (1994)

Ranking Global de Direitos de Acionistas Minoritários	
1. Estados Unidos	12
2. Malasia	10
3. África do Sul	10
4. Argentina	9
5. Espanha	9
6. Tawian	8
7. Hong Kong	8
8. Cingapura/ Chile/ Mexico/ Reino Unido	7
12. Japão	6
13. Alemanha/ Brasil	5
Average Score	7,9

Fonte: Merrill Lynch – Out 2000

Padrões Contábeis no Mundo*			
(nota máxima 90 pontos)			
País	Nota	País	Nota
Suécia	83	Alemanha	62
Reino Unido	78	Coréia	62
Cingapura	78	Dinamarca	62
Finlândia	77	Itália	62
Malásia	76	Bélgica	61
Austrália	75	México	60
Canadá	74	Nigéria	59
Noruega	74	Índia	57
EUA	71	Grécia	55
África do Sul	70	Áustria	54
Nova Zelândia	70	Brasil	54
França	69	Chile	52
Hong Kong	69	Turquia	51
Suíça	68	Colômbia	50
Filipinas	65	Argentina	45
Formosa	65	Venezuela	40
Japão	65	Peru	38
Espanha	64	Portugal	36
Holanda	64	Uruguai	31
Israel	64	Egito	24
Tailândia	64		

* Este índice foi criado examinando os demonstratvos financeiros e publicações das empresas em 1990. O número de pontos é determinado pela inclusão ou omissão de 90 itens
Fonte primária: International Accounting and Auditing Trends, Center for International Financial Analaysis & Research
Extraído de La Porta & Lopez - de - Silanes & Shleifer (1998).

Carvalho, A. G. – (2000) "Ascensão e Declínio do Mercado de Capitais no Brasil. A experiência dos anos 90 – Estudos para o Desenvolvimento do Mercado de Capital", Bovespa, junho/2000, pp 24-47

| Eficiência do Sistema Judiciário ||||
| (escala de 0 a 10) ||||
País	Nota	País	Nota
Austrália	10,00	Colômbia	7,25
Dinamarca	10,00	Nigéria	7,25
EUA	10,00	Grécia	7,00
Finlândia	10,00	Sri Lanka	7,00
Holanda	10,00	Formosa	6,75
Hong Kong	10,00	Itália	6,75
Israel	10,00	Peru	6,75
Japão	10,00	Egito	6,50
Noruega	10,00	Uruguai	6,50
Nova Zelândia	10,00	Venezuela	6,50
Reino Unido	10,00	Equador	6,25
Cingapura	10,00	Espanha	6,25
Suécia	10,00	África do Sul	6,00
Suíça	10,00	Argentina	6,00
Áustria	9,50	Coréia	6,00
Bélgica	9,50	México	6,00
Canadá	9,25	**Brasil**	5,75
Alemanha	9,00	Quênia	5,75
Malásia	9,00	Portugal	5,50
Irlanda	8,75	Paquistão	5,00
Jordânia	8,66	Filipinas	4,75
França	8,00	Turquia	4,00
Índia	8,00	Tailândia	3,25
Zimbábue	7,50	Indonésia	2,50
Chile	7,25		

* *Avaliação da eficiência e integridade do sistema judiciário, particularmente com respeito a empresas estrangeiras (médias entre 1980-1983).*
Fonte primária: *Buisiness International Corporation*
Extraído de La Porta & Lopez - de - Silanes & Shleifer (1998).
Carvalho, A. G. – (2000) "Ascensão e Declínio do Mercado de Capitais no Brasil". A experiência dos anos 90 – Estudos para o Desenvolvimento do Mercado de Capital, Bovespa, junho/2000, pp 24-47

Carga Tributária sobre o Valor Adicionado - Resumo por Setor - Empresas Abertas				
Setor	Qdade	Carga Tributária	Valor Adicionado	Participação (%)
Duráveis de Consumo	20	7.095.402	9.786.838	72,5%
Não-Duráveis	123	21.432.352	48.084.724	44,6%
TOTAL	143	28.533.754	57.871.526	72,5%

Rocca, C. A. e A. G. Carvalho (1999), "Mercado de Capitais e Financiamento das Empresas Abertas" Fipe/Abrasca

Desvio Padrão Anualizado dos Retornos dos Índices de Ações

1992 - 1997

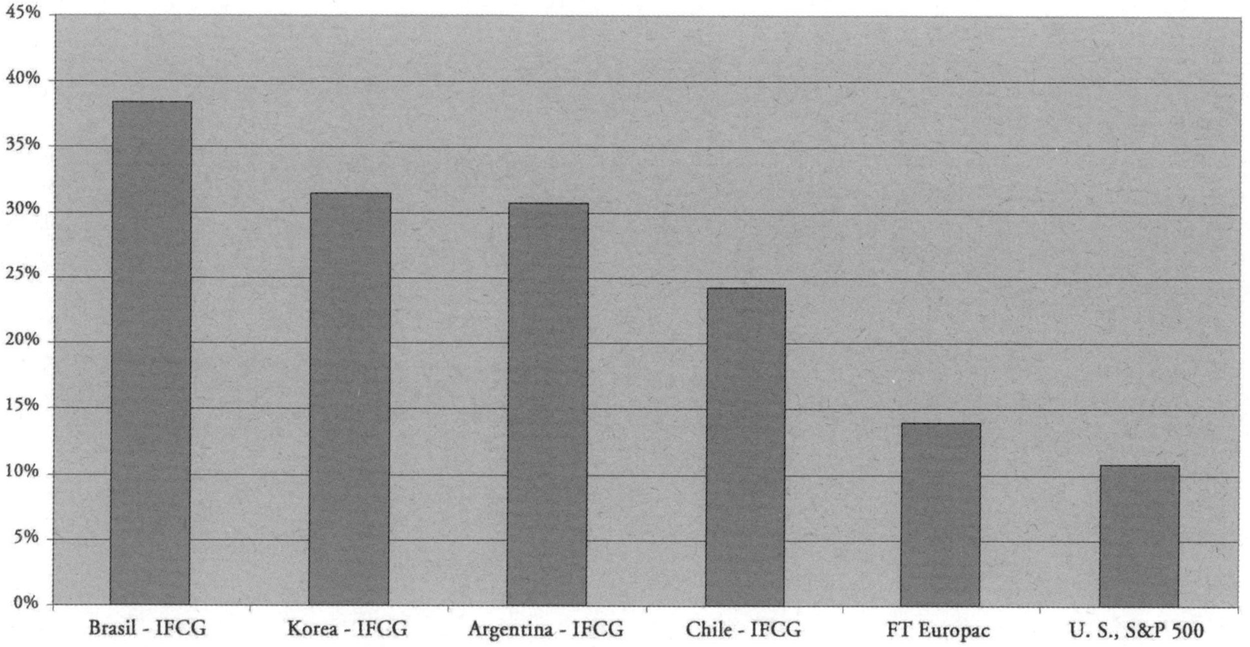

Fonte: IFC

Elaboração: CARE Consultores Associados

IBovespa x Selic
Rendimento acumulado em 5 anos em Dólar

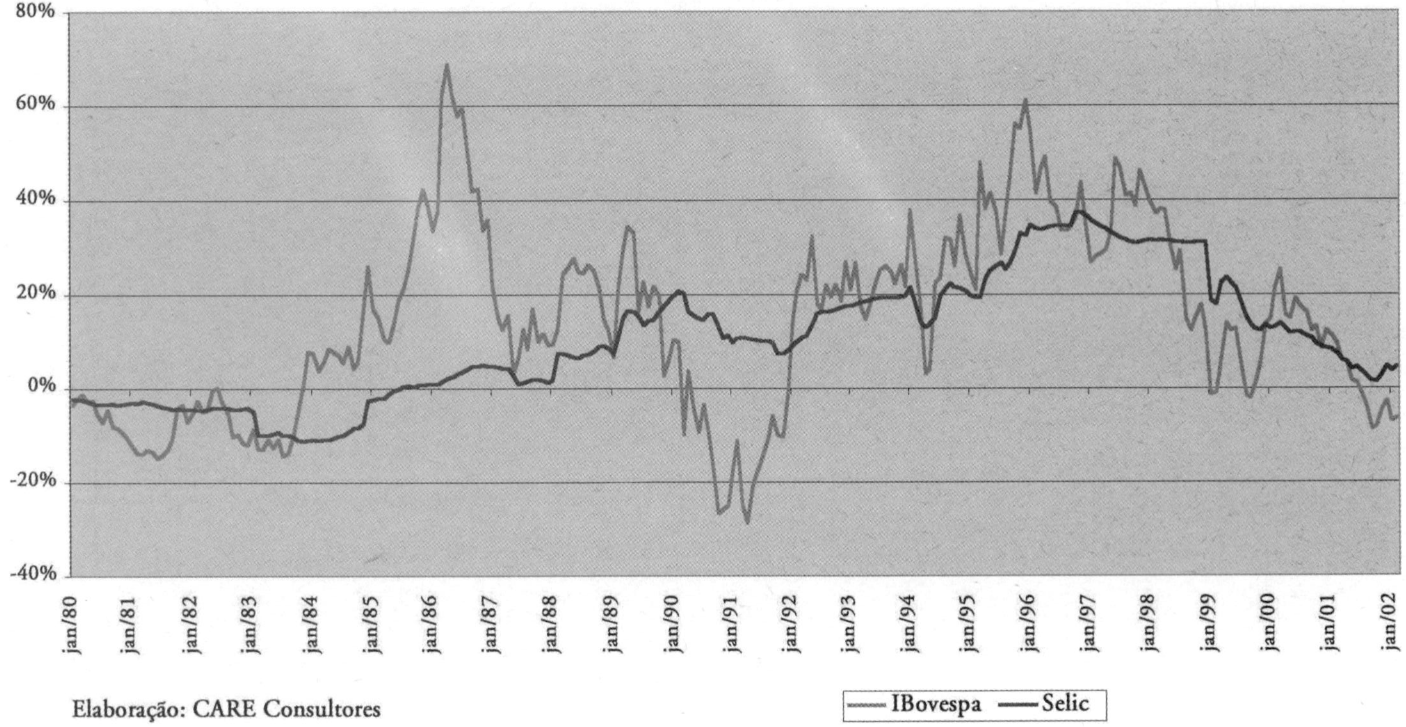

— IBovespa — Selic

Elaboração: CARE Consultores

SP500 x Fed Funds
Rendimento acumulado em 5 anos

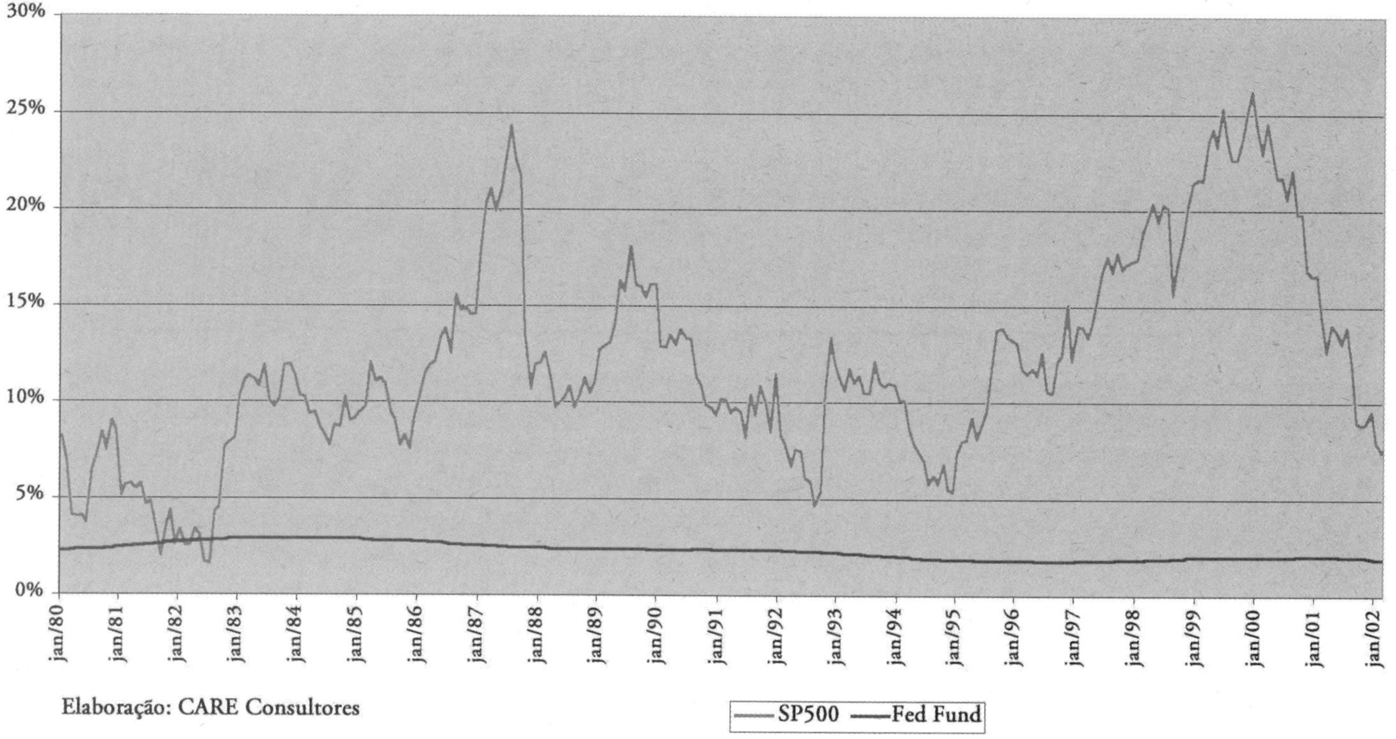

Elaboração: CARE Consultores

SP500 ——— Fed Fund

PLANO DIRETOR DO MERCADO DE CAPITAIS

O mercado e a sociedade

O desenvolvimento da economia passa, necessariamente, pelo mercado de capitais. Neste sentido, os representantes dos mercados estão unindo esforços no sentido de viabilizar a implementação do Plano Diretor do Mercado de Capitais.
Para viabilizá-lo, é preciso lutar incondicionalmente pela continuidade da estabilidade econômica, pela redução das taxas de juros de modo a estimular o crescimento econômico com a tomada de recursos a custos mais acessíveis, por regras tributárias mais isonômicas e justas e, sobretudo, pelo aprendizado e transparência do mercado junto à sociedade

1. Plano Diretor: Prioridade, oportunidade e urgência

1.1 Mercado de capitais eficiente é condição necessária para a retomada e sustentação do crescimento da economia brasileira e de sua competitividade internacional

- desafio atual: consolidar a estabilização e retomar crescimento com equilíbrio externo.
- retomada do crescimento deve ser liderada por investimentos privados, especialmente dirigidos ao aumento da produção e da produtividade dos setores de bens comercializáveis, produtores de bens exportáveis ou substitutos de importações;
- a maioria das empresas no Brasil não tem acesso a condições adequadas de financiamento, o que constitui obstáculo de primeira ordem à realização de investimentos privados e à retomada do crescimento;
- experiência internacional demonstra que mercado de capitais ativo e sistema bancário eficiente promovem crescimento econômico e competitividade internacional; mecanismos de mobilização de recursos e diversificação de riscos têm permitido suprir recursos inclusive para empreendimentos de alto risco; combina capitais de risco e financiamento de longo prazo para grandes projetos de infra-estrutura (*project finance*); fornece recursos para empresas emergentes e de inovação tecnológica (*seed money, venture capital, private equity*) multiplicando oportunidades e acelerando a adoção de novas tecnologias, principal componente do aumento de produtividade;
- no Brasil, desde o pós-guerra, o setor público tem liderado a mobilização de recursos e sua alocação para o financiamento de investimentos, com destaque para a criação e administração de fundos de poupança compulsória pelos bancos oficiais.
- com a estabilização, privatização e abertura da economia brasileira, o setor público concentrará seus recursos em gastos sociais; o mercado de capitais e o sistema bancário privado devem ocupar papel central na mobilização e alocação de recursos, em substituição ao setor público;
- o mercado de capitais brasileiro tem potencial para assumir importância estratégica na retomada e sustentação do crescimento: mantidas as atuais tendências de crescimento da poupança institucional voluntária (fundos de investimentos, fundos de pensão, fundos de previdência aberta e companhias de seguros) e

atingido o objetivo de estabilização da dívida pública, o mercado de capitais tem condições de mobilizar recursos para o financiamento de investimentos privados da ordem de 15% a 20% da formação bruta de capital fixo. Esse nível é semelhante aos melhores padrões internacionais;

- portanto, a operação eficiente do mercado de capitais é condição necessária para a retomada do crescimento e a competitividade internacional da economia brasileira.

1.2 MERCADO DE CAPITAIS É INSTRUMENTO PARA ATINGIR OBJETIVOS SOCIAIS
- ao criar condições financeiras adequadas à realização de investimentos e dirigir os recursos aos projetos mais produtivos, o mercado de capitais acelera o crescimento econômico e a geração de empregos;
- a realização de grandes projetos de infra-estrutura, projetos de impacto na qualidade de vida da população — como os investimentos na área de água, saneamento e energia —, envolve muitas dificuldades para o seu financiamento; a recente experiência internacional demonstra que vários mecanismos criados no âmbito do mercado de capitais, combinando capital de risco, securitização de receitas futuras e operações bancárias, têm facilitado enormemente a sua viabilização;
- o financiamento habitacional coloca o desafio de compatibilizar o financiamento de longo prazo requerido pelos compradores com a liquidez exigida pelos investidores; a securitização de recebíveis imobiliários e a existência de mercados secundários organizados e ativos para esses papéis têm representado a solução moderna e eficiente para o financiamento habitacional em vários países; o novo Sistema Financeiro Imobiliário (SFI) aprovado no Brasil está integralmente baseado na securitização de recebíveis imobiliários, e seu funcionamento depende da criação de condições favoráveis ao desenvolvimento do mercado de capitais;
- no Brasil e em todo o mundo, estão em crise os sistemas previdenciários tradicionais baseados no regime de repartição, em que contribuições da atual geração suportam a aposentadoria das gerações anteriores; o desenvolvimento de soluções de previdência privada complementar em regime de capitalização, em que a aposentadoria de cada cidadão é basicamente assegurada pelos resultados da livre aplicação dos recursos de sua poupança, é a tendência observada em todo o mundo; um mercado de capitais ativo e eficiente oferece as alternativas de investimento com a combinação de risco e retorno sob medida para cada caso;

- mecanismos que permitem a transferência de recursos na forma de capital de risco e de financiamento para pequenas e médias empresas, democratizando oportunidades e estimulando o empreendedorismo, têm tido excepcional crescimento quando o mercado de capitais abre espaço para posterior colocação de ações ao público investidor; grandes investidores institucionais, fundos de pensão, seguradoras e outros grupos investem em fundos destinados a empresas emergentes, sob a forma de fundos de *seed money*, *venture capital* e *private equity*, partilhando riscos e resultados com os empreendedores individuais; além disso, a securitização de créditos bancários e créditos comerciais pode ser muito importante para aumentar a oferta de crédito para empresas de capital fechado;

- a democratização do capital e da propriedade é outro importante resultado da operação do mercado de capitais, pois permite que o pequeno investidor participe de empreendimentos de grande escala ao mesmo tempo que a participação do trabalhador nos resultados das empresas na forma de ações tende a se tornar cada vez mais difundida; fundos mútuos de investimento e outros mecanismos semelhantes cumprem papel idêntico; um exemplo recente é a venda pulverizada de ações da Petrobras e da Vale do Rio Doce a trabalhadores que usaram os recursos de suas contas no FGTS.

1.3 Obstáculos comprometem desenvolvimento, funcionalidade e imagem do mercado de capitais brasileiro

a) obstáculos de natureza institucional, econômica e cultural têm inibido e distorcido o desenvolvimento do mercado de capitais brasileiro, além de limitar o papel do mercado de capitais no financiamento do setor produtivo e reduzir sua atratividade para o investidor, comprometendo ao mesmo tempo o sistema de distribuição de títulos de renda variável:
- altas taxas de juros;
- distorções do sistema tributário e incentivo à economia informal;
- deficiente proteção ao investidor;
- obstáculos culturais.

b) a imagem do mercado de capitais, consolidada ao longo de décadas nas quais sua funcionalidade foi comprometida, dificulta a captação de apoio mais amplo da sociedade para a adoção de medidas que visem ao seu desenvolvimento; propostas de harmonização da tributação a padrões internacionais são entendidas com alguma freqüência como privilégios a serem apropriados por capitalistas e especuladores, sem benefícios para a produção e o emprego, em detrimento de gastos sociais.

1.4 Iniciativas do governo e do setor privado têm obtido resultados limitados

a) nos últimos anos várias propostas, iniciativas e posicionamentos do governo e do setor privado revelam crescente conscientização da prioridade e urgência do desenvolvimento do mercado de capitais;

b) sua eficácia sobre o desempenho do mercado tem sido extremamente limitada, observando-se manutenção dos sinais de estagnação ou retrocesso do mercado.

1.5 Plano diretor do Mercado de Capitais
Desse modo conclui-se que a criação e execução de um Plano Diretor do Mercado de Capitais é prioritária, oportuna e urgente.

1.6 Congresso Abamec 2002 e o Plano Diretor do Mercado de Capitais

a) Ibmec

O Ibmec executou o Projeto Ibmec II, no qual foi complementado e atualizado o diagnóstico do mercado de capitais brasileiro, e sistematizadas as sugestões, propostas e iniciativas do governo e de cerca de duas dezenas de entidades do setor privado, às quais foram adicionadas contribuições dos palestrantes, debatedores e demais participantes do XVII Congresso da Abamec.

As entidades participantes do Projeto Ibmec II foram as seguintes:

Abamec
Abrapp
Abrasca
Adeval
Anbid
Ancor

Andima
Animec
Bovespa
BM&F
BVRJ
CNBV
Febraban
Fiesp
Ibef
IBGC
Ibmec
Ibracon
Ibri
Sindicor
Soma

b) Congresso da Abamec 2002 e o Plano Diretor do Mercado de Capitais

A Abamec deliberou concentrar o foco do seu XVII Congresso, realizado em Porto Alegre no início de abril de 2002, nas questões e nos temas básicos identificados no Diagnóstico do Projeto Ibmec. O objetivo atingido foi a ampliação do debate e a geração de subsídios para a formulação do Plano Diretor do Mercado de Capitais.

O TEMAS ABORDADOS FORAM OS SEGUINTES:

I	Mercado de Capitais e Crescimento Econômico
II	Mercado de Capitais Brasileiro Diagnóstico, Ameaças e Oportunidades
III	Mobilização de Recursos Novos para Mercado de Capitais
IV	Desenvolvimento e Aprimoramento de Produtos e Mercados
V	Governança Corporativa e Proteção ao Investidor
VI	Mercado Secundário de Títulos de Renda Fixa
VII	Reforma Tributária
VIII	Condições Macroeconômicas: Taxas de Juros e seus Condicionantes

2. Diretrizes e ações específicas

O Plano Diretor do Mercado de Capitais contém um conjunto organizado de ações do governo e do setor privado, visando à criação de condições para que o mercado de capitais brasileiro possa desempenhar sua missão com eficiência.

2.1 Posicionamento

2.1.1 Objetivos

a) identificar as ações do governo e do setor privado requeridas para superar obstáculos ao desenvolvimento e à funcionalidade do mercado de capitais brasileiro, criando condições compatíveis com sua eficiência;

b) promover adequado grau de coordenação entre ações públicas e privadas;

c) mobilizar todos os segmentos da sociedade em favor da prioridade e urgência do desenvolvimento desse mercado.

2.1.2 Missão do Mercado de Capitais

I – oferecer as condições financeiras necessárias para retomar e sustentar o crescimento econômico, gerar empregos e democratizar oportunidades e capital;

II – mobilizar recursos de poupança oferecendo alternativas de investimento seguras e rentáveis para servir também de base aos planos de previdência complementar;

III – direcionar esses recursos para financiar os investimentos mais produtivos e socialmente desejáveis, inclusive infra-estrutura, habitação e empresas emergentes em condições competitivas com o mercado internacional.

2.1.3 Condições necessárias à funcionalidade e eficiência do mercado de capitais

Para que o mercado de capitais brasileiro possa oferecer à economia do país recursos com custos e prazos semelhantes aos disponíveis para seus concorrentes internacionais, as ações a serem adotadas no Plano Diretor devem almejar a criação de:

a) condições de isonomia competitiva: caracterizadas principalmente por taxas de juros, tributação e regulação harmonizadas com as melhores práticas internacionais;

b) condições de eficiência:

I – legislação: tratamento eqüitativo no relacionamento entre agentes econômicos, com adequada proteção aos investidores;

II – transparência: padrões de contabilidade e demais critérios de divulgação que assegurem amplo acesso dos investidores e demais agentes do mercado a todas as informações relevantes para a correta avaliação das expectativas de risco e retorno das aplicações;

III – *enforcement*: garantia de respeito a leis e contratos pela eficaz operação de órgãos reguladores, do Poder Judiciário e ou de mecanismos de arbitragem;

IV – criação e preservação das condições de concorrência nos mercados, por intermédio de ações e critérios que incentivem e preservem a atuação de um grande número de participantes, inclusive mediante eliminação de barreiras à entrada, controle sobre manipulação de preços e integração competitiva ao mercado internacional de capitais;

V – custos de transação: minimização de custos de transação e quaisquer outras restrições de natureza burocrática ou tributária que onerem a negociação nos mercados financeiros e de capitais.

2.1.4 Pontos focais

Em face dos obstáculos existentes, verificou-se que o mercado de capitais brasileiro não representa alternativa de captação de recursos para a maioria das empresas e atrai apenas uma base reduzida de investidores. O Plano Diretor do Mercado de Capitais visa eliminar os obstáculos e fazer com que o mercado de capitais brasileiro seja fonte de liquidez e recursos para as empresas e alternativa de aplicação atrativa para os investidores.

Desse modo, as diretrizes e ações específicas propostas neste plano têm três pontos focais:

1. Empresas: mercado de capitais deve ser fonte de liquidez e recursos.

2. Investidores: mercado de capitais deve ser melhor alternativa de investimento.

3. Regulação: deve preservar a credibilidade e promover o desenvolvimento de instituições, mercados e produtos.

2.2 Diretrizes

O Plano Diretor do Mercado de Capitais é o resultado do trabalho de consolidação de um grande número de sugestões, propostas e iniciativas originadas nas entidades participantes do Projeto Ibmec II, complementadas pela contribuição de palestrantes, debatedores e demais participantes do XVII Congresso Abamec 2002.

Esses elementos foram organizados em dois blocos:

a) Diretrizes: conteúdo básico do Plano Diretor, correspondem a 12 conjuntos de ações voltadas para superar os obstáculos identificados e promover o desenvolvimento do mercado de capitais;

b) Ações Específicas: detalhamento das diretrizes, com a identificação e individualização das medidas propostas.

O reconhecimento das enormes dificuldades de natureza institucional e política para a concretização dos objetivos deste Plano, principalmente no campo tributário, não deve constituir motivo para a pura e simples aceitação do *status quo*. É preciso que os participantes do mercado de capitais, o governo e toda a sociedade se mobilizem, sob o amplo leque de interesses permitidos pelo sistema democrático, para a busca de saídas que liberem a economia brasileira dos entraves que hoje inibem a realização de seu amplo potencial.

Manter o mercado de capitais prisioneiro das amarras atuais é bloquear sua contribuição ao desenvolvimento e ao bem-estar, e resignar-se a um ritmo de desenvolvimento medíocre ou nulo, incompatível com as legítimas aspirações de todos os brasileiros.

1. O anseio nacional pela retomada do crescimento econômico sustentado exige que o desenvolvimento do mercado de capitais seja incorporado aos planos governamentais como prioridade de primeira ordem. Trata-se de condição necessária à disponibilização de recursos em condições internacionalmente competitivas para o financiamento dos investimentos privados.

2. Bancos, bolsas de valores, sociedades corretoras, administradores de recursos, investidores institucionais e todos os demais agentes do mercado de capitais e do sistema financeiro privado deverão assumir o papel central na mobilização e alocação de recursos na economia brasileira, até agora desempenhado pelo setor público. O governo e as entidades privadas ligadas ao mercado de capitais e ao sistema bancário deverão criar todas as condições e implementar as ações necessárias para que o sistema financeiro privado possa desempenhar com eficiência e eficácia essa função.

3. A redução do custo de capital para o setor produtivo nacional deverá ser buscada por meio de ações voltadas a todos os seus componentes. A redução sustentável da taxa de juros dos títulos públicos deverá ser obtida mediante a atuação consistente sobre os fatores subjacentes, a consolidação do ajuste fiscal de longo prazo do setor público e a redução da vulnerabilidade externa como resultado da geração de superávits comerciais e da redução da dependência de capitais estrangeiros.

4. A complementação da reforma da previdência, inclusive mediante a instalação dos fundos de pensão dos servidores públicos federais, estaduais e municipais, é componente fundamental do ajuste fiscal e ação eficaz para ampliar a oferta de poupança de longo prazo.

5. Redução das alíquotas dos tributos acompanhada de ampliação da base de contribuintes, mantidos os níveis atuais de arrecadação, integrará à economia formal a maior parcela das empresas e atividades que hoje operam com diferentes graus de informalidade, criando condições de acesso a crédito bancário e a recursos do mercado de capitais para esse amplo segmento da economia brasileira cujo crescimento hoje é praticamente limitado aos seus recursos próprios.

6. Deve-se promover a difusão do acesso ao mercado de capitais de amplas camadas da população e ampliar a oferta de recursos nesse mercado, adotando-se medidas tais como a venda pulverizada de ações em processos de privatização, e a liberação de uso de recursos de fundos de poupança compulsória para aplicação em títulos e valores mobiliários.

7. É essencial que o maior número possível de empresas do setor produtivo tenha acesso ao mercado de capitais mediante a adoção, dentre outras, de medidas e iniciativas que reduzam os custos e facilitem o acesso das empresas ao mercado de capitais, que incentivem os fundos focados no direcionamento de recursos a empresas emergentes e que difundam o uso da securitização inclusive por parte da empresas de capital fechado.

8. Proteção ao investidor: agora que o Novo Mercado da Bovespa caminha para a geração de um conjunto de oportunidades de investimento que confere aos acionistas adequados níveis de proteção, a prioridade deve ser atribuída à proteção de investidores como participantes de fundos de previdência fechada e aberta, quotistas de fundos mútuos de investimento e credores em geral. Esses mecanismos de proteção incluem a adoção das melhores regras e práticas de governança corporativa, transparência e garantia de obediência a compromissos e contratos (*enforcement*).

9. Tributação no mercado de capitais: adoção de critérios de tributação que respeitem a isonomia com as melhores práticas internacionais, especialmente quanto à sua incidência sobre instrumentos de poupança de longo prazo, como é o caso de planos e entidades de previdência complementar e ganhos sobre investimentos de renda variável, e aqueles que, incidindo sobre as transações financeiras (CPMF) elevam os custos de transação, inibem a

liquidez e inviabilizam a operação e a funcionalidade do mercado de capitais brasileiro.

10. Caberá prioritariamente às entidades privadas a execução de ações voltadas para a promoção da cultura de mercado de capitais na sociedade brasileira, inclusive de forma a:

- reverter a imagem negativa do mercado de capitais e fornecer os elementos objetivos que permitam a todas as camadas sociais (estudantes, trabalhadores, empresários, membros do Executivo, Legislativo e Judiciário) perceber sua importância na retomada do crescimento, geração de empregos, financiamento de habitação e infra-estrutura social, viabilização de planos de previdência complementar e fornecimento de recursos para empresas emergentes, promovendo, dentre outros objetivos desejáveis, a democratização de oportunidades e do capital;

- fazer com que todos os segmentos sociais possam utilizar produtivamente em seu próprio benefício, em benefício de suas empresas e da população brasileira em geral, os mecanismos e instrumentos do mercado de capitais; nesse sentido deverão ser executados programas de educação voltados para as empresas e a população em geral, além de programas especiais de qualificação dirigidos aos agentes do mercado de capitais.

11. A regulação deve preservar a credibilidade e promover o desenvolvimento de instituições, mercados e produtos, mediante:

- adoção do critério de isonomia competitiva para o mercado de capitais brasileiro, com o uso de regulamentação harmonizada com as melhores práticas internacionais;

- reorganização do conjunto de órgãos reguladores visando simplificar e harmonizar normas e procedimentos, acompanhada de redução de custos e aumento da eficácia na sua implementação (*enforcement*).

12. As entidades privadas do mercado de capitais que participaram da elaboração deste Plano Diretor promoverão a organização de um Fórum Permanente do Mercado do Capitais e a criação de um Comitê Coordenador encarregado de desenvolver ações que visem à implementação das diretrizes e ações contidas no Plano. Essa decisão confere caráter permanente à parceria das entidades subscritoras do Plano em favor do mercado de capitais brasileiro.

2.3 Ações específicas

1. O Comitê Coordenador do Plano Diretor promoverá reuniões com candidatos à presidência da República, membros do congresso Nacional e do Poder Judiciário visando inserir o Desenvolvimento do Mercado de Capitais no conjunto de ações prioritárias do Governo.

2. Participar e opinar sobre o Programa de Desenvolvimento Industrial, principalmente no que concerne à busca de soluções de financiamento de capital de risco e de empréstimo (*funding*) para os projetos de investimento.

3. Promover reuniões, apresentações e outras formas de comunicação entre deputados federais e senadores, no sentido de que sejam aprovadas amplas reformas da previdência social e tributária, já que ambas são condições essenciais para o desenvolvimento do mercado e a retomada do crescimento econômico.

4. Com a organização do Fórum Permanente do Mercado de Capitais, promover a execução de estudos e debates visando identificar as ações necessárias para que o sistema financeiro privado (mercado de capitais e bancos) assuma o papel central na mobilização e alocação de recursos de poupança na economia brasileira, até agora desempenhado pelo setor público. Para tanto o Fórum buscará a participação da Febraban, Ancor, BNDES, Bolsas, Abamec, Anbid e outras entidades.

5. Conseguir apoio, inclusive financeiro, de organismos multilaterais para financiar projetos de desenvolvimento do mercado de capitais.

6. O Comitê de Coordenação buscará o apoio da entidades para a formulação de projeto piloto visando incorporar à reforma tributária a redução das alíquotas de todos os impostos acompanhada de ampliação da base de contribuintes, mantidos os atuais níveis de arrecadação, e adotar mecanismos de transição de modo a integrar à economia formal a maior parcela das empresas e atividades que hoje operam com diferentes graus de informalidade.

7. Acelerar implantação de fundos de pensão para servidores públicos nos três níveis de governo

8. Os agentes do mercado de capitais, bancos, bolsas de valores, sociedades corretoras, administradores de recursos, investidores institucionais dentre outros, diretamente e através de suas associações promoverão a adoção de normas de governança corporativa, transparência e cumprimento das regras (*enforcement*) inclusive mediante a execução de projetos de auto-regulação.

9. Propor regime de urgência para o projeto da nova lei de falências (Projeto de Lei 4376/93) e apresentar sugestões de aprimoramento para aumentar as chances de recuperação das empresas em dificuldades e adequada proteção a credores, visando reduzir os risco de crédito e o custo de captação em debêntures e outros títulos de dívida.

10. A Abamec recomendará aos analistas de mercado a incorporação da análise e avaliação da governança corporativa em suas recomendações de investimento.

11. A CVM deverá apoiar e incentivar o programa de certificação para analistas de investimentos desenvolvido pela Abamec como forma de obter maior adesão dos profissionais, possibilitando a regulamentação da atividade pela auto-regulação.

12. Avançar na regulamentação e auto-regulamentação visando melhorar a proteção aos acionistas minoritários no quadro da recém aprovada lei das Sociedades Anônimas, favorecendo a plena vigência e consolidação dos novos dispositivos legais.

13. Propor regime de urgência para o projeto de Lei (3741) atualmente no Congresso Nacional, que estabelece novo padrão de contabilidade a ser adotado pelas empresas de capital aberto, e emendar o projeto de modo que o mesmo seja plenamente ajustado ao padrão internacional (IASB – *International Accounting Standards Board*).

14. Aprimorar a regulamentação e estimular a criação ou o aperfeiçoamento de códigos de auto-regulação a serem adotados por entidades de mobilização de recursos de poupança popular (gestoras de planos de previdência aberta e fechada, fundos mútuos de investimento e planos de capitalização) contendo regras de governança corporativa, eliminação de conflitos de interesse (*chinese wall*), padrões de divulgação ampla de valor de quota, resultados e composição de carteiras de investimento.

15. Estimular as empresas a desenvolverem seus Códigos de Governança Corporativa, num modelo de auto regulação, a partir dos princípios gerais do IBGC e do Novo Mercado.

16. Sugerir ao governo a criação de um Programa de Governança Corporativa para as empresas estatais;

17. Incentivar as empresas a aderirem ao Novo Mercado da Bovespa.

18. Fortalecer a CVM visando aumento de sua eficácia e eficiência operacional, inclusive para assegurar a institucionalização de mecanismos eficientes de fiscalização e velocidade no julgamento das faltas e aplicação de penalidades, mediante consolidação de sua autonomia orçamentária e criação de condições para a contratação e manutenção de equipes técnicas de alta qualificação.

19. Propor a criação de varas da justiça especializadas em matérias de interesse do mercado de capitais, cobrindo as questões da área financeira, societária e de títulos e valores mobiliários, com o objetivo de agilizar e aumentar a eficácia do Poder Judiciário no julgamento das ações e execução da lei nessas áreas, como forma de melhorar o *enforcement*, minimizar ris-

cos e reduzir *spreads* e o custo de capital; com o mesmo objetivo, estimular a utilização de Câmaras de Arbitragem.

20. Centralizar a regulamentação e fiscalização de fundos de investimento em um único órgão regulador, aparelhar e reunir Susep e SPC e examinar a experiência internacional para verificar conveniência da Agência Reguladora do Mercado de Capitais, inclusive mediante ampliação do trabalho com financiamento do BID e Banco Mundial.

21. Unificar sistemas de liquidação e negociação de ativos em bolsa a fim de alcançar escala e padrão internacional.

22. Regulamentar a atividade do *market maker*, inclusive para renda fixa, permitindo que ele mantenha contrato com a empresa que representa, com a condição de ampla divulgação de seus termos para o mercado.

23. Reduzir taxas de registro de emissão da CVM.

24. Permitir que as instituições financeiras coordenadoras de emissão ofereçam garantia firme em valores superiores ao montante inicialmente previsto como instrumento de estabilização de preços após o lançamento e eliminando distorções e *underpricing* que aumentam o custo de capital das empresas e o risco dos intermediários.

25. Dotar o mercado de acesso para empresas de menor porte, para abertura de capital e emissões primárias, de regras de registro e negociação simplificadas e menos onerosas, com redução de taxas de registro e fiscalização da CVM.

26. Reduzir custos de publicação, mediante utilização intensa da internet, bem como de outros custos relacionados à manutenção da condição de empresa aberta.

27. Criar escrituras simplificadas e padronizadas de debêntures, por regulação da CVM ou auto-regulação, de forma a viabilizar a criação de um mercado secundário eficiente e ativo.

28. Incentivar fundos de investimento fechados, voltados a investimentos de longo prazo, de inovação tecnológica e empresas emergentes e a negociação de suas cotas em Bolsas de Valores.

29. Criar registro de emissão simplificado de títulos e valores mobiliários quando a emissão tiver por destino sua colocação entre investidores qualificados. Igualmente criar programa de registro de emissão de debêntures, a semelhança do *medium term notes* americano, que exigiria um primeiro registro exigindo todo detalhamento possível, mas que permitisse novas tranches apenas com atualizações de informação, sem necessidade de novo registro.

30. Incentivar a criação de fundos que invistam em empresas socialmente responsáveis.

31. Promover e difundir o uso de instrumentos de securitização de recebíveis, uma das principais formas de acesso de empresas fechadas ao mercado de capitais e de redução de seus custos de capital. Eliminar CPMF na troca dos créditos conforme o prazo, já que a cobrança do referido imposto está inviabilizando o processo de securitização.

32. Estimular a constituição de fundos mútuos especializados em títulos de divida privada. Igualmente, incentivar a criação de fundos mútuos de investimento com alíquotas de imposto de renda diferenciadas para prazos mais longos, com o objetivo de permitir ao administrador adquirir para os referidos fundos quantidade maior de papéis privados já que haveria menor pressão por liquidez a curto prazo por parte dos aplicadores.

33. Criar fundos mútuos de classe diferenciada de risco, semelhante aos *high yield* e *junk bonds funds*, visando sofisticar a análise de crédito e portanto a melhor precificação de papéis de renda fixa.

34. Revisar a regulamentação das corretoras com intuito de reduzir custos e fortalecer a atividade.

35. Regulamentar e incentivar a atuação de fundos *private equity* e *venture capital*, dirigidos à canalização de recursos de capital de risco e de

empréstimo para empresas fechadas com grande potencial, bons níveis de governança corporativa e com alta probabilidade de abertura de capital no futuro.

36. Incentivar empresas multinacionais instaladas no Brasil a utilizarem o programa de BDR, inclusive para pagamento de gratificações a seus funcionários. Simplificar os procedimentos de emissão/cancelamento de BDRs e da negociação entre os diversos mercados.

37. Estimular a participação de pequenos investidores no mercado de títulos de dívida privada, estabelecendo limites máximos de preço unitário e incentivando a utilização de sistemas de distribuição de baixo custo, como por exemplo o *home broker,* a sua aquisição via Internet, a exemplo da recente experiência com títulos públicos.

38. Incentivar as empresas, a começar das empresas estatais, para que emitam debêntures de baixo valor unitário para venda direta ao público investidor, inclusive pela Internet, a exemplo da experiência bem-sucedida com títulos públicos. Tal medida visa criar a cultura de investimento no mercado de capitais entre pequeno investidor, respeitando a tradicional preferência pelo mercado de renda fixa.

39. Modificar as regras do FGTS de forma que o trabalhador possa ter sua poupança compulsória gerida nos moldes do 401K americano. Neste sistema o trabalhador pode escolher a destinação de seus investimentos, pelo menos para uma parcela de seu saldo; complementar o Projeto de Lei 3545/97, que dispõe sobre a utilização do FGTS para a aquisição de valores mobiliários, permitindo a transferência dos depósitos para um fundo de garantia de livre escolha (FGLE).

40. Sugerir ao Congresso Nacional projeto de lei que permita a redução de até 2% do lucro líquido da base de cálculo para Imposto de Renda da empresa que distribua ações de sua emissão nesse montante para seus funcionários.

41. Retomar o processo de privatização com base na venda pulverizada de ações, autorizada a utilização de recursos do FGTS para participação dos

trabalhadores no processo; sugerir emenda à lei da privatização fixando que, no mínimo 25% do lote ofertado deverá ser pulverizado nas bolsas de valores através de leilão.

42. Dar continuidade à venda de participações acionárias minoritárias ao público, inclusive com a utilização do FGTS, a exemplo do que foi feito com ações da Petrobras e CVRD, e agora anunciado para ações do Banco do Brasil.

43. Apoiar a criação da Escola Nacional de Investidores (ENI) como forma de disseminar cultura de investimento no mercado de capitais, bem como a formação de Clubes de Investimento.

44. Propor ao Ministério da Educação a criação, nas faculdades de economia, administração e outras ligadas ao segmento financeiro, da cadeira de Mercado de Capitais no curriculum dos cursos, bem como a inclusão de tópicos relacionados ao tema na disciplina de estudos sociais e outras que sejam adequadas nas grades do ensino médio e profissionalizante.

45. Criar em parceria com as federações de indústrias e do comércio e outras entidades, tais como o IBGC e o Sebrae, um programa de capacitação empresarial para a utilização do mercado de capitais, como fonte de financiamento das empresas, inclusive mediante securitização de recebíveis e acesso a fundos de *venture capital* e *private equity*.

46. Publicar um livro a ser vendido em livrarias explicando como investir no mercado de capitais.

47. Divulgar o mercado de capitais entre a empresários, parlamentares, universidades, sindicatos e demais investidores e emissores potenciais. Criar material padronizado sobre divulgação do mercado de capitais a ser inserido no site de companhias abertas, bolsas e associações do mercado ou ainda distribuído em universidades e eventos que possam ajudar a difundir tais informações para a sociedade em geral.

48. Desenvolver campanha publicitária, básica e dirigida, com intuito de mudar a imagem negativa que o mercado de capitais tem junto a socie-

dade, enfatizando seu papel fundamental no financiamento do crescimento das empresas e da economia e no atendimento de objetivos sociais, desde geração de empregos e o acesso a financiamentos de longo prazo para habitação e saneamento, a sustentação de planos de previdência complementar até a democratização de oportunidades e do capital.

49. Criar estímulos para que o investidor estrangeiro se utilize das bolsas brasileiras em seus investimentos. Fazer *road show* anual nos EUA e Europa divulgando as bolsas e os serviços prestados, em conjunto com algumas empresas de expressão internacional.

50. Adotar o critério de isonomia competitiva na tributação do mercado de capitais brasileiro com a adoção de regulamentação harmonizada com as melhores práticas internacionais; nessa linha de atuação, conceder isenção do Imposto de Renda para rendimentos de planos previdência complementar abertos e fechados no período de acumulação, aplicando-se a tributação apenas no momento do recebimento dos benefícios ou do saque dos recursos, de acordo com as melhores práticas internacionais; eliminar a CPMF no âmbito de reforma tributária, ou pelo menos manter a isenção em Bolsa e estabelecer nas demais transações alíquota em percentual simbólico, compensável com outro tributo.

Glossário

Abamec – Associação Brasileira dos Analistas de Mercado de Capitais

Abrapp – Associação Brasileira das Entidades Fechadas de Previdência Privada

Abrasca – Associação Brasileira das Companhias Abertas

Adeval – Associação das Empresas Distribuidoras de Valores

Anbid – Associação Nacional dos Bancos de Investimentos

Ancor – Associação Nacional das Corretoras de Valores, Câmbio e Mercadorias

Andib – Associação Brasileira dos Bancos de Investimento

Andima – Associação Nacional das Instituições do Mercado Aberto

Animec – Associação Nacional de Investidores do Mercado de Capitais

BM&F – Bolsa de Mercadorias & Futuros

Bovespa – Bolsa de Valores de São Paulo

BVRJ – Bolsa de Valores do Rio de Janeiro

CBLC – Câmara Brasileira de Liquidação e Custódia

CCR – Companhia de Concessões Rodoviárias

CNB – Comissão Nacional de Bolsas

CSN – Companhia Siderúrgica Nacional

CVM – Comissão de Valores Mobiliários

Ibacon – Instituto dos Auditores Independentes do Brasil

Ibef – Instituto Brasileiro dos Executivos de Finanças

IBGC – Instituto Brasileiro de Governança Corporativa

Ibmec – Instituto Brasileiro de Mercado de Capitais

Ibri – Insituto Brasileiro de Relações com Investidores

Iedi – Instituto de Estudos para o Desenvolvimento Industrial

Febraban – Federação Brasileira das Associações de Bancos

FGLE – Fundo de Garantia de Livre Escolha

Fiesp – Federação das Indústrias do Estado de São Paulo

Sindcor-SP – Sindicato das Corretoras de Valores e Câmbio do Estado de São Paulo

Sindcor-RJ – Sindicato das Sociedades e Corretores de Fundos Públicos e Câmbio do Município do Rio de Janeiro

Soma – Sociedade Operadora do Mercado de Ativos

Pedidos de livros e agendamento
de palestras com os autores:
LAZULI EDITORA
F (55 11) 3819 6077
comercial@lazuli.com.br